Comment Méditer

Kathleen McDonald

Traduit de l'anglais par
Eléa Redel

Comment Méditer

L'édition originale en langue anglaise a été publiée pour la première fois en 1984 par Wisdom Publications (USA) sous le titre *How to Meditate: a Practical Guide*

81500 Marzens (France).
Tél : 05 63 58 17 22, télécopie : 05 63 58 03 48
Photo de couverture : Michel Henry
Photo p. 24 : Maphampa, l'un des seize arhats.
Peintre tibétain inconnu du XVIII ème siècle (Tibet House, New Delhi)
Dessins : Robert Beer 1984
Conception et mise en page : Omorfia 81500 Marzens (France)
Télécopie : 05 63 58 03 48
ISBN : 2-911582-06-3

Les Editions Vajra Yogini sont membre de la Fondation pour la Préservation de la Tradition Mahayaniste (FPMT) fondée par Lama Thoubten Yéshé.

A mes parents
Qui m'ont tellement aidée.
Puissent-ils découvrir la paix suprême
En eux-mêmes.

Préface

Cet ouvrage a été réalisé pour répondre à un intérêt toujours croissant pour la méditation et à un manque d'informations pratiques sur la manière de procéder. Il a été écrit principalement pour ceux qui veulent commencer à pratiquer, mais devrait également intéresser tous ceux qui désirent simplement savoir en quoi consiste la méditation.

Il existe des centaines de méthodes de méditation enseignées par les différentes traditions spirituelles. Choisir les pratiques justes, le chemin adéquat, relève d'une investigation et d'une expérience personnelles. La plupart des techniques exposées ici sont issues de la tradition du Bouddhisme du Mahayana du Tibet, certaines de la tradition Théravada de l'Asie du Sud-Est et quelques unes sont le fruit de mes propres improvisations sur des thèmes bouddhistes.

Ayant voulu montrer que le Bouddhisme est pragmatique et réaliste et non pas une philosophie abstraite ou un culte exotique, j'ai essayé d'expliquer ces techniques de manière simple et claire, sans utiliser de langage technique. Tout au long du livre, l'accent est mis sur l'expérience, utilisant la méditation pour apporter réellement des transformations dans nos pensées, nos sentiments et nos actions.

La première partie, *L'Esprit et la Méditation*, pose les fondations en expliquant pourquoi les êtres méditent et comment ils en tirent des bienfaits. La section suivante, *Etablir une Pratique de Méditation*, apporte des informations fondamentales et des conseils pour des pratiquants débutants. Dans le reste de l'ouvrage, je présente les méthodes de méditation elles-mêmes. Je les ai divisées en quatre parties : *Méditations sur l'Esprit*, *Méditations Analytiques*, *Visualisations* et *Pratiques de Dévotion*. Chaque technique contient un préambule qui donne des éléments de base à la méditation, montre ses avantages et la manière de l'effectuer au mieux, et explique son application pratique. A la fin du livre, se trouvent la phonétique des prières en tibétain, un glossaire de termes et une liste d'ouvrages dont je vous suggère la lecture.

Remerciements

Le peu que je connais de la méditation, je le dois principalement à la relation que j'ai eue avec Lama Thoubten Yéshé (1935-1984) et Lama Thoubten Zopa Rinpoché, deux Maîtres bouddhistes tibétains qui ont dévoué leur temps et leur énergie durant ces quinze dernières années à instruire et guider les occidentaux intéressés par la philosophie bouddhique et par la méditation. Suite à leurs efforts, la *Fondation pour la Préservation de la Tradition du Mahayana* (FPMT), qu'ils ont établie en 1975, s'est développée et comprend plus de trente centres de méditations de par le monde, dans lesquels des gens vivent, étudient et méditent.

Je remercie de tout mon cœur Lama Yéshé et Lama Zopa d'avoir partagé avec nous leurs connaissances et leurs réalisations et je prie sincèrement afin que leur œuvre puisse se poursuivre encore pendant très longtemps dans l'avenir.

Nombreuses sont les pratiques de méditation dans ce livre qui ont été adaptées à partir des enseignements de Lama Yeshé et Lama Zopa, mais j'ai aussi de la reconnaissance pour Guéshé Ngawang Dhargey, Guéshé Jampa Tekchog et Sogyal Rinpoché qui m'ont également inspirée.

De nombreuses personnes ont travaillé à la réalisation de cet ouvrage. Je présente mes remerciements à Wendy Finster pour son

Livre de poche des pratiques du Mahayana, à partir duquel cet ouvrage a été développé ; à Thoubten Angmo, Jon Landaw et T. Yéshé pour leur travail initial de rédaction et de traduction ; à Nick Ribush, Yéshé Khadro, Thoubten Pendé, Steve Carlier, Lorraine Rees, Peter Rees, James Payne, Tim Young, Jan Courtin, Marshall Harris, Sarah Thresher, Karin Zeitvogel et les moniales du Monastère de Dordjé Pamo pour leur suggestions inestimables et finalement à ma directrice de publication, Robina Courtin qui a travaillé avec moi pendant le remaniement et la réorganisation de *Comment Méditer* afin de le rendre aussi clair et pratique que possible.

Kathleen McDonald
(Sangyé Khadro)
Monastère de Dordjé Pamo
Lavaur, France
Juin 1984

Kathleen McDonald (*Sangyé Khadro*) est née en Californie en 1952. Elle reçut ses premiers enseignements sur la méditation bouddhiste à Dharamsala en Inde en 1973 et fût ordonnée en tant que moniale dans la tradition du Bouddhisme tibétain un an plus tard. Elle a vécu avec une communauté de moines et moniales occidentaux au Monastère de *Kopan* à Kahtmandou au Népal, pendant deux ans pour étudier et faire des retraites de méditation. En 1978 elle continua ses hautes études bouddhistes en Angleterre et en 1982 aida à établir le *Monastère de Dordjé Pamo* pour moniales bouddhistes en France. De 1985 à 1987 elle enseigna en Australie puis pendant un an au Népal. Elle est actuellement enseignante au Centre bouddhiste *Amitabha* à Singapour et se déplace également pour donner des enseignements dans différentes autres parties du monde.

Notes de la traduction française

La phonétique des prières en tibétain en fin d'ouvrage a été rendue le plus simple possible pour une lecture aisée. La liste des ouvrages suggérés a bien sûr été adaptée en fonction, des titres disponibles en langue française.

Nous remercions sincèrement Lorraine Dupont, Michelle Descossy et Sylvie Journet qui ont participé avec assiduité à la traduction française de ce guide pratique de méditation ainsi que Sam Regad, Claude Palacin, Hélène Albaret, Jean-Yves Barralis, Christian Charrier et David Darnaud qui l'ont enrichi de leurs conseils.

Puisse cette contribution leur permettre d'évoluer rapidement sur la voie menant à l'au-delà de toute souffrance et à la perfection de toute qualité, l'Eveil suprême.

*I. L'E*SPRIT ET LA *M*ÉDITATION

1. *P*OURQUOI *M*ÉDITER ?

Tout le monde veut le bonheur, pourtant très peu d'entre nous semblent le trouver. Dans notre quête de satisfaction nous passons d'une relation à une autre, d'un travail à un autre, d'un pays à un autre. Nous étudions l'art et la médecine, nous apprenons à être joueur de tennis ou dactylo ; nous avons des bébés, des voitures de course, nous écrivons des livres et nous faisons pousser des fleurs. Nous dépensons notre argent pour des systèmes stéréo sophistiqués, des ordinateurs, du mobilier confortable et des vacances au soleil. Ou encore nous essayons de retourner à la nature, de manger des aliments complets, de pratiquer le yoga et de méditer. Pratiquement tout ce que nous faisons est une tentative pour trouver le vrai bonheur et éviter la souffrance.

Il n'y a rien de mal à tout cela ; il n'y a rien de mal à avoir des relations et des possessions. Le problème vient du fait que nous les concevons dotées d'une aptitude naturelle à nous satisfaire, à être la *cause* du bonheur. Mais elles ne peuvent l'être, tout simplement parce qu'elles ne durent pas.

Par nature, tout change constamment et finalement disparaît : notre corps, nos amis, tous nos biens, l'environnement. Nous dépendons de choses impermanentes et nous nous accrochons au bonheur semblable à l'arc-en-ciel, qu'elles procurent, et cela ne provoque que déception et souffrance non pas satisfaction et contentement.

Nous *faisons* l'expérience du bonheur avec des choses qui nous sont extérieures mais cela ne nous satisfait pas vraiment ou ne nous libère pas de nos problèmes. C'est un bonheur de pacotille, de courte durée et peu fiable. Cela ne veut pas dire que nous devons abandonner nos amis et nos biens pour être heureux. Nous devons plutôt abandonner les conceptions fausses que nous avons à leur égard ainsi que nos attentes irréalistes de ce qu'ils peuvent nous apporter.

Non seulement croyons-nous qu'ils sont permanents et capables de nous satisfaire, mais à l'origine de nos problèmes se trouve notre vue fondamentalement fausse de la réalité (p. 63). Instinctivement nous pensons que les gens et les choses existent en eux-mêmes et par eux-mêmes, de leur propre côté; qu'ils ont une nature intrinsèque, un quelque chose d'inhérent. Cela veut dire que nous croyons que les choses possèdent certaines qualités qui demeurent naturellement en elles; qu'elles sont, de leur propre côté, bonnes ou mauvaises, attrayantes ou non. Ces qualités semblent être là, dans les objets eux-mêmes, bien indépendantes de notre point de vue et de toute autre chose.

Par exemple, nous pensons que le chocolat est intrinsèquement délicieux ou que la réussite est intrinsèquement satisfaisante. Mais, s'il en était ainsi, ces choses là ne manqueraient certainement jamais de nous donner du plaisir ou de nous satisfaire, et chacun en ferait l'expérience de la même façon.

Notre conception erronée est habituelle et profondément ancrée en nous; elle colore toutes nos relations avec les autres et notre rapport avec le monde. Nous nous posons sans doute rarement la question de savoir si oui ou non la façon dont nous percevons les choses est identique à celle dont elles existent véritablement. Si nous le faisons, il sera évident que notre image de la réalité est exagérée et partiale; que les qualités, bonnes et mauvaises, que nous voyons dans les choses sont en fait créées et projetées par notre propre esprit.

Selon le bouddhisme, le bonheur durable et stable existe et chacun de nous a le potentiel d'en faire l'expérience. Les causes du bonheur résident dans notre propre esprit et les méthodes pour y arriver peuvent être pratiquées par n'importe qui, n'importe où et dans n'importe quel style de vie : dans la vie citadine, en travaillant huit heures par jour, en s'occupant d'une famille, en se divertissant pendant les week-ends. Par la mise en pratique de ces méthodes de méditation, nous pouvons apprendre à être heureux à tout moment, dans toutes les situations même si elles sont difficiles ou douloureuses.

Tôt ou tard, nous pourrons nous libérer nous-mêmes de problèmes comme l'insatisfaction, la colère, l'anxiété, et finalement, en réalisant le mode d'existence véritable des choses, nous éliminerons complètement la source même de tous les états d'esprit perturbateurs si bien qu'ils ne surgiront plus jamais.

Qu'est-ce que l'esprit ?

L'esprit ou conscience est au cœur de la théorie et de la pratique bouddhique : depuis deux mille cinq cents ans des méditants l'ont examiné et utilisé comme un moyen pour transcender une existence insatisfaisante et arriver à une paix parfaite. On dit que tout bonheur, ordinaire et sublime, est atteint par la compréhension et la transformation de notre propre esprit.

La fonction de l'esprit, sorte d'énergie non-physique, est de connaître, d'expérimenter. C'est la conscience elle-même. Elle est claire par nature et reflète tout ce qu'elle expérimente, tout comme un lac calme reflète les montagnes et les forêts environnantes.

L'esprit change d'un moment à l'autre. C'est un continuum sans commencement, tel un flot s'écoulant sans relâche ; le moment précédent de l'esprit a fait surgir ce moment présent de l'esprit, qui donne naissance au moment suivant de l'esprit etc. C'est le nom habituellement donné à la totalité de nos expériences conscientes et inconscientes ; chacun d'entre nous est le centre d'un monde de pensées, de perceptions, de sentiments, de mémoires et de rêves qui tous sont l'esprit.

L'esprit n'est pas une chose physique *possédant* des pensées et des sentiments ; ces expériences mêmes sont l'esprit. Etant non-matière, il est différent du corps, bien que l'esprit et le corps soient interconnectés et interdépendants. L'esprit, la conscience, circule dans notre corps grâce aux énergies physiques subtiles (p. 155) qui contrôlent aussi nos mouvements et nos fonctions vitales. Cette relation explique pourquoi, par exemple, la maladie physique et le manque de bien-être peuvent affecter notre état mental et pourquoi, à leur tour, des attitudes mentales peuvent aussi bien faire surgir des problèmes physiques que les guérir.

L'esprit peut être comparé à un océan, et les événements momentanés tels le bonheur, l'irritation, les fantaisies et l'ennui, aux vagues qui s'élèvent et disparaissent à sa surface.

Tout comme les vagues peuvent retomber pour laisser apparaître le calme de la profondeur de l'océan, il est possible de pacifier les turbulences de notre esprit pour révéler sa clarté originelle naturelle. Cette capacité réside dans l'esprit lui-même et la clé pour accéder à l'esprit est la méditation.

2. Qu'est-ce que la Méditation ?

Dompter l'esprit et le ramener à la compréhension juste de la réalité n'est pas une tâche facile. Cela requiert un processus lent et graduel : d'abord il faut *écouter* et lire des explications concernant l'esprit et la nature des choses; puis *réfléchir* sur ces informations et les analyser consciencieusement; et finalement il faut transformer l'esprit par la *méditation.*

Cet esprit peut être divisé en *consciences sensorielles* : la vue, l'ouïe, l'odorat, le goût et le toucher, plus la conscience mentale. La conscience mentale s'étend de nos expériences les plus grossières de colère ou de désir, par exemple, aux niveaux les plus subtils de clarté et de calme absolu. Elle inclut nos processus intellectuels, nos sentiments et nos émotions, notre mémoire et nos rêves.

La méditation est une activité de la conscience mentale. Elle implique une partie de l'esprit qui observe, analyse et gère le reste de l'esprit. La méditation peut prendre des formes multiples : se concentrer en un seul point sur un objet (interne), essayer de comprendre un problème personnel, engendrer un amour joyeux pour l'humanité entière, s'adresser par la prière à un objet de dévotion ou communiquer avec notre propre sagesse intérieure. Son objectif final est d'éveiller un niveau de conscience très subtil et de l'utiliser pour découvrir la réalité, directement et intuitivement.

Cette conscience intuitive, directe du mode d'existence des choses, est appelée l'Eveil, elle est le résultat ultime de la pratique bouddhique du *Mahayana* (le Grand Véhicule). Le but de son obtention ainsi que la force qui motive toute pratique, est d'aider les autres à l'atteindre également.

Le terme tibétain *gom* traduit par « méditation » signifie littéralement « se familiariser ». Il existe de nombreuses techniques différentes de méditation et beaucoup de choses dans l'esprit, avec lesquelles nous familiariser. Chaque technique a des fonctions et des bienfaits spécifiques et fait partie de la structure qui amène notre esprit à une vue réaliste du monde.

Peut-être nous faut-il d'abord parler de ce que la méditation *n'est pas*, car il y a beaucoup de malentendus à ce sujet. En premier lieu, la méditation ne consiste pas simplement à s'asseoir dans une posture particulière ou à respirer d'une certaine façon : c'est un état d'esprit. Même si, généralement, les meilleurs résultats sont obtenus lorsque nous méditons dans un endroit calme, nous pouvons aussi méditer en travaillant, en marchant, dans un bus ou en préparant le dîner. Un méditant tibétain réalisa la vacuité (p. 63) en coupant du bois et un autre, la concentration en un point, en nettoyant la chambre de son Maître.

D'abord, nous apprenons à développer un état d'esprit méditatif par une pratique assise formelle, mais, lorsque nous avons fait quelques progrès, nous pouvons emprunter un style plus libre et plus créatif et générer cet état mental à tout moment et en toute situation. A ce moment-là, la méditation est devenue un mode de vie.

La méditation n'est pas quelque chose d'étranger ou d'impropre à l'esprit occidental. Différentes méthodes sont pratiquées dans diverses cultures mais toutes partagent le principe commun selon lequel l'esprit se familiarise, tout simplement, avec ses divers aspects. L'esprit de chaque personne, qu'elle soit orientale ou occidentale, possède les mêmes éléments et expériences de base, les mêmes problèmes fondamentaux et le même potentiel.

Méditer ce n'est pas « planer » ou fuir. En fait, c'est être complètement honnêtes avec nous-mêmes : regarder vraiment ce que nous sommes et travailler avec cela afin de devenir plus positifs et utiles pour nous-mêmes et pour autrui. L'esprit a deux aspects, l'un positif et l'autre négatif. Notre confusion mentale ou plus littéralement, nos perturbations constituent les aspects négatifs qui englobent la jalousie, la colère, le désir, etc. Ils proviennent de notre compréhension erronée de la réalité et de l'attachement invétéré à la façon dont nous percevons les choses. Grâce à la méditation nous pouvons reconnaître nos erreurs et ajuster notre esprit afin de penser et réagir d'une manière plus réaliste, plus honnête.

Le but ultime, l'Eveil, est un objectif à long terme. Mais les méditations accomplies avec cet objectif en tête peuvent apporter et apportent d'immenses bienfaits à court terme. Alors que notre image concrète de la réalité s'atténue, nous développons une image de nous-mêmes plus positive, plus réaliste et sommes donc plus détendus et moins anxieux. Nous apprenons à avoir moins d'attentes irréalistes des êtres et des choses autour de nous et, par conséquent, nous rencontrons moins de déceptions; les relations avec les autres s'améliorent et la vie devient plus stable et satisfaisante.

Mais souvenons-nous que des habitudes de toute une vie disparaissent difficilement. Il est déjà bien assez dur de simplement reconnaître notre colère et notre jalousie, que dire alors de faire un effort pour retenir le flot si familier et si ancré de l'émotion ou d'analyser ses causes et ses effets. La transformation de l'esprit est un processus lent et progressif. Il sagit de nous débarrasser, petit à petit, des schémas habituels, instinctifs et nuisibles pour nous familiariser avec des habitudes nécessairement porteuses de résultats positifs pour nous et pour les autres.

Il existe de nombreuses techniques de méditation mais toutes peuvent être regroupées sous deux titres : *stabilisatrice* et *analytique.*

Méditation stabilisatrice

En général, ce type de méditation est utilisé pour développer ce que l'on appelle la concentration en un point, préliminaire à toute vue profonde durable. Le but est de se concentrer, sans interruption, sur un objet comme la respiration, la nature de notre propre esprit, un concept, une image visualisée.

La concentration sans interruption est exactement l'opposé de notre état mental habituel. Si nous nous tournons quelques instants vers l'intérieur, nous remarquerons que notre esprit saute d'une chose à une autre : une pensée de quelque chose que nous ferons plus tard, un son de l'extérieur, un ami, quelque chose qui s'est passé auparavant, une sensation physique, une tasse de café. Nous n'avons jamais besoin de dire à l'esprit « pense ! » ou « sens ! ». Il est toujours occupé à faire quelque chose, emporté dans une énergie qui lui est propre.

Avec un esprit aussi dispersé et aussi incontrôlé, tout ce que nous entreprenons aura peu de chance de réussir, qu'il s'agisse de se rappeler un numéro de téléphone, de préparer un repas ou de diriger une affaire. Et indéniablement, sans concentration il est impossible de réussir une méditation.

La méditation stabilisatrice n'est pas facile, mais elle est essentielle pour mettre l'esprit sous contrôle. Bien que le véritable développement d'une concentration en un point soit la tâche des méditants à plein temps, il n'est pas nécessaire de nous retirer dans la montagne pour faire l'expérience de ses bienfaits : même en ville dans notre vie de tous les jours nous pouvons développer une bonne concentration en faisant régulièrement, dix à quinze minutes de méditation stabilisatrice par jour c'est-à-dire garder l'esprit fixé sur un seul objet et laisser défiler les autres pensées. Cela apporte une sensation immédiate d'espace et nous permet de voir plus clairement le fonctionnement de notre esprit, pendant la méditation et durant le reste de la journée.

Méditation analytique

Ce type de méditation, qui met en jeu des pensées créatives et intellectuelles, est crucial pour notre développement : le premier pas pour obtenir une compréhension véritable est de saisir, de *façon conceptuelle,* comment les choses existent. Cette clarté conceptuelle devient une conviction ferme qui, associée à une méditation stabilisatrice, amène une connaissance directe et intuitive.

Quoi qu'il en soit, avant même d'être en mesure de « savoir comment les choses existent », nous devons tout d'abord identifier nos conceptions *erronées.* En utilisant une pensée analytique claire et pénétrante, nous démêlons la complexité de nos attitudes et de nos schémas de comportement. Progressivement, nous pouvons éliminer ces pensées, ces sentiments et ces idées qui entraînent notre malheur et celui des autres et, à la place, cultiver des pensées, des sentiments et des idées qui apportent le bonheur.

Ainsi nous nous familiarisons, par exemple, soit avec la réalité de la causalité, à savoir que nos expériences présentes sont le résultat de nos actions passées *et* la cause de nos expériences futures, soit avec le fait que toutes les choses sont dépourvues d'une nature intrinsèque. Nous pouvons méditer point par point sur les bienfaits de la patience et les inconvénients de la colère ; sur l'importance du développement de la compassion ; sur la bonté des autres.

En un sens, une session de méditation analytique équivaut à une session d'étude intensive. Cependant le niveau de la pensée conceptuelle que nous sommes capables d'atteindre, lors de ces méditations, est plus subtil et donc plus puissant que nos pensées dans la vie quotidienne. Nos sens n'étant pas bombardés par l'apport d'énergie frénétique habituel, nous sommes à même de nous concentrer avec plus d'intensité et de développer une sensibilité parfaitement accordée aux fonctionnements de notre esprit.

Les méditations stabilisatrice et analytique sont complémentaires et souvent utilisées ensemble au cours d'une même session. Par exemple, lorsque nous faisons une méditation sur la vacuité (p. 63) nous analysons l'objet (la vacuité) en nous servant, tant des informations que nous avons lues ou entendues, que de nos propres pensées, sentiments et souvenirs. A un certain point surgit une expérience intuitive ou une conviction concernant l'objet. Nous devons alors arrêter de penser et concentrer notre attention uniquement sur ce sentiment, aussi longtemps que possible. Nous devons immerger notre esprit dans l'expérience. Lorsque le sentiment s'affaiblit, il est possible soit de poursuivre l'analyse, soit de conclure la session.

Cette méthode qui associe les deux types de méditation permet à l'esprit de devenir littéralement un avec l'objet de méditation. Plus notre concentration est forte, plus notre compréhension sera profonde. Il est nécessaire de répéter ce processus, maintes et maintes fois, avec tout ce que nous désirons comprendre afin de transformer notre compréhension en une expérience réelle.

Des méditations stabilisatrices, telles que les méditations sur la respiration (p. 47) s'amélioreront également si nous utilisons une analyse habile. Quand nous nous asseyons pour méditer, nous devons commencer par examiner notre état d'esprit et clarifier notre motivation pour accomplir cette pratique, ce qui implique une pensée analytique. Au cours de la méditation elle-même, nous pouvons trouver la concentration particulièrement difficile; il est bon alors d'analyser le problème quelques instants, puis de ramener l'esprit sur le souffle. Parfois, il est utile aussi d'examiner l'esprit pendant la méditation, afin d'être sûr qu'il ne rêvasse pas mais qu'il est bien appliqué à ce qu'il est censé faire.

Dans cet ouvrage, les méditations sont divisées en quatre sections. La première, *Méditations sur l'esprit*, comprend trois techniques favorisant le développement de la connaissance de l'esprit lui-même. La méditation sur le souffle (souvent appelée méditation sur l'attention) est au départ une pratique stabilisatrice qui se sert de la respiration comme objet de concentration. Il est conseillé aux débutants de commencer par cette pratique car elle calme l'esprit et permet de voir plus clairement comment il fonctionne. Les autres méditations dans cette section permettent de développer une conscience de la nature claire de l'esprit, son absence de commencement et sa continuité. Toutes les techniques impliquent aussi bien la stabilisation que l'analyse.

La section suivante, *Méditations analytiques*, offre sept techniques pour approfondir et analyser nos hypothèses par rapport à la façon dont les choses existent, par rapport à la vie, à la mort, à la souffrance et à la compassion, et, pour terminer, des conseils pour faire face à notre énergie négative dans la vie quotidienne. Si nous venons juste d'apprendre à calmer l'esprit par la méditation sur le souffle, par exemple, nous ne nous sentirons peut être pas prêts à nous attaquer à l'un de ces sujets par une méditation formelle; cependant, le simple fait de lire cette section donnera amplement matière à réflexion.

Puis viennent les *Visualisations* : six techniques introduisent la visualisation telle qu'elle est utilisée dans la pratique du Vajrayana; toutes, elles associent stabilisation et analyse.

La dernière section de la partie principale du livre, *Pratiques de dévotion*, comprend plusieurs méditations supplémentaires ainsi que des prières et d'autres pratiques.

Il est important de progresser doucement et d'adopter des méthodes nouvelles, uniquement lorsque nous sommes prêts. Il n'y a aucun intérêt à essayer de faire des méditations qui semblent étranges ou compliquées ou bien dont le but n'est pas clair. Il vaut mieux s'en tenir à une ou deux méthodes dont nous pouvons vraiment ressentir les bienfaits.

Toutefois, dans cet ouvrage, tout fait partie intégrante d'un développement spirituel équilibré, et constitue une étape sur une voie vaste et profonde. Par une étude et une pratique attentives et patientes, nous pourrons apprécier à quel point ces pratiques sont liées entre elles et à la voie tout entière.

*II. E*TABLIR UNE *P*RATIQUE DE *M*ÉDITATION

1. Conseils pour Débutants

Tout comme avec n'importe quelle autre activité, pour expérimenter les bienfaits de la méditation, il est nécessaire de pratiquer régulièrement ; il n'est pas possible de réussir à moins d'y consacrer à fond toute notre énergie. Essayons de méditer chaque jour ou au moins plusieurs fois par semaine. Si nous laissons passer les semaines et les mois sans méditer nous manquerons d'entraînement et il nous sera d'autant plus difficile de nous y remettre lorsque nous essaierons de nouveau. Inévitablement, il y a des périodes où la dernière des choses que nous ayons envie de faire, c'est de méditer ; mais méditons tout de même, ne fût-ce que pour quelques minutes ; ces sessions sont souvent les plus productives.

Le lieu de méditation

Il est préférable de réserver une pièce ou le coin d'une chambre spécialement pour nos sessions de méditation. Nous arrangeons notre siège, soit un coussin sur le sol, sur un lit ou sur un canapé, soit une chaise au dos droit, avec une table ou un petit banc y faisant face pour poser ce livre et d'autres dont nous avons besoin lors de nos méditations.

Rendons l'endroit aussi confortable et agréable que possible à nos yeux. Ce doit être un endroit calme et propre, où nous avons plaisir à nous retrouver et où, dans l'idéal, il nous est possible de ne pas être dérangés trop facilement.

Si le cœur nous en dit, nous pouvons installer un autel pour y disposer les images qui nous inspirent, par exemple, ou des bougies, de l'encens ou d'autres offrandes. Il s'agit en fait de nous entourer de choses propices à une bonne méditation, à tel point que nous soyons impatients d'y retourner !

Le choix de la pratique

Il est bon de débuter par l'une des méditations sur le souffle (p. 47). Elles sont idéales pour calmer l'esprit et commencer à développer une certaine compréhension de nos pensées et de nos sentiments ; ces deux choses, le calme et la compréhension, sont les ingrédients essentiels du succès de toute méditation.

Lorsque la méditation nous est devenue familière, nous devons choisir les pratiques qui conviennent le mieux à notre tempérament et à nos tendances naturelles, en nous rappelant que chaque technique est un antidote à un problème spécifique. Si, par exemple, nous avons une tendance à la colère, nous devons méditer sur la patience et la bonté (p. 105 et 139). Si nous sommes perturbés par un désir et un attachement intenses nous pouvons méditer sur l'impermanence (p. 85), la mort (p. 75) ou la souffrance (p. 89). Si nous sommes déprimés, méditons sur notre précieuse vie humaine et son potentiel (p. 69).

Si, de quelque manière que ce soit, notre esprit est tranquille, nous pouvons pratiquer le développement de la concentration à l'aide, par exemple, d'une technique de visualisation qui nous attire (p. 125) ou approfondir notre compréhension de la nature de la réalité en méditant sur la vacuité (p. 63).

Si nous apprécions les bienfaits des pratiques de dévotion, nous pouvons incorporer des prosternations et des prières (p. 163) dans notre pratique.

Ceci constitue, seulement une ligne conductrice très générale ; avec la pratique nous apprendrons à faire ce qu'il faut, au bon moment. Cependant on n'insistera jamais assez sur l'importance d'être guidé par un méditant expérimenté (voir ci-dessous).

Sessions courtes

Au début il est préférable de méditer pendant de courtes périodes, de dix à trente minutes, et de terminer notre session alors que l'esprit et le corps sont encore confortables et vifs. Si nous nous astreignons à méditer trop longtemps et nous levons de notre siège avec un corps douloureux et un esprit frustré, nous n'aurons plus très envie de nous asseoir pour méditer de nouveau. La méditation doit être une expérience satisfaisante et productive et non pas un fardeau.

Nous devons décider au préalable, de la durée de la session et nous y tenir, même si la méditation se passe bien. Quand notre habileté se développe nous pouvons accroître la durée des sessions en conséquence.

Soyons détendus mais vigilants

L'esprit et le corps doivent être détendus et confortables tout au long de la méditation. Nous pouvons nous relaxer mentalement en décidant fermement d'oublier tous les problèmes, les soucis et les complications du monde extérieur et nous plonger dans le silence de notre monde intérieur. Il peut être utile de nous remémorer l'expérience passée d'une sensation de bien être et de contentement puis de générer cette même sensation sur notre siège de méditation.

La méditation sur le souffle peut également apporter le même résultat. En observant le rythme naturel et léger de la respiration et en évitant les pensées distrayantes, notre état mental deviendra progressivement tranquille et clair. Mais ne nous endormons pas ! Restons vigilants. Prêtons attention à toutes les pensées, images, sentiments et sensations qui surgissent dans notre esprit sans nous y impliquer. Notre principal centre d'attention doit toujours être la respiration (ou le sujet que nous avons choisi pour la méditation).

La détente physique peut être facilitée par la pratique de disciplines telles que l'*hatha yoga*, le *taï chi*, le *koum nyé* ou d'autres méthodes de relaxation et de réduction des tensions nerveuses. Dans la plupart des villes l'on trouve de la documentation et des cours sur ces techniques. Tout moyen utilisé pour soulager la tension physique et améliorer notre habileté à nous asseoir en méditation est un complément précieux à notre pratique.

Pas d'attentes

Puisque nous cherchons tous à jouir du bonheur et de la paix de l'esprit et à éviter les problèmes, il est naturel d'espérer de bonnes expériences pendant la méditation. Mais de telles attentes ne sont pas nécessairement réalistes et risquent d'empêcher notre progression. L'esprit est complexe et change sans cesse. Il se peut qu'un jour nous ayons une méditation calme et joyeuse et le jour suivant, une méditation assaillie de distractions et d'agitation. Ceci est tout à fait normal et ne doit pas causer d'inquiétude ou de frustration. Soyons prêts à tout et ne nous laissons pas perturber quoi qu'il arrive. L'expérience la plus bouleversante et la plus douloureuse peut être la plus précieuse en termes de développement de la sagesse.

Soyons satisfaits de l'effort que nous faisons pour méditer et transformer notre esprit cela, en soi-même, est la méditation. Tant que nous essayons, c'est une erreur de penser que nous n'arrivons pas à méditer. Les résultats prennent du temps. Ne soyons pas découragés si nous ne parvenons pas à une bonne concentration en quelques semaines ; il vaut mieux penser en termes d'années. Des habitudes échafaudées pendant toute une vie ne s'éliminent pas instantanément, mais par le développement progressif de nouvelles habitudes. Ne soyons donc pas trop durs avec nous-mêmes. Reconnaissons nos capacités et nos limites et évaluons nos progrès en conséquence.

La nécessité d'un Maître

La manière la plus efficace d'apprendre quelque chose est d'étudier avec quelqu'un qui maîtrise déjà le sujet ; la méditation n'est pas une exception. L'esprit peut être comparé à un instrument de musique : pour créer une belle musique, nous devons étudier avec un maître qui connaît l'intérieur et l'extérieur de l'instrument; de même pour développer un esprit clair, enthousiaste et bienveillant nous avons besoin des conseils de quelqu'un qui comprend à fond le fonctionnement de l'esprit et la façon de le transformer.

Néanmoins, il n'est pas facile de trouver un Maître qualifié. Les qualités à rechercher comprennent la compassion, la connaissance et la vue pénétrante, la moralité, la sincérité et l'habileté dans l'explication. Nous devons avoir confiance en notre Maître et bien communiquer avec lui ou avec elle. Aussi, cela peut-il prendre des années avant de rencontrer le Maître qui convient. Ne pensons pas, cependant, que nous devons entreprendre une chasse frénétique au Maître (*Skt. Gourou*) ! Prenons notre temps. Le moment venu, nous rencontrerons la personne qui pourra nous guider avec succès.

Pendant ce temps, nous pouvons pratiquer les méditations qui sont expliquées ici et rechercher les conseils de tout pratiquant dont nous admirons les qualités -même si ce dernier ne médite que depuis peu. Notre propre sagesse intérieure, notre Maître intérieur, nous dira si nous nous dirigeons ou non dans la bonne direction.

Ne faisons pas de publicité !

Chaque fois que nous découvrons quelque chose de nouveau et d'intéressant, nous avons envie d'en parler à tout le monde, mais ce n'est pas une bonne idée de trop parler de notre méditation. A moins qu'une personne ne soit sincèrement intéressée et nous le demande expressément, il est préférable de se taire. Claironner notre expérience dissipera toute la bonne énergie et la compréhension que nous avons obtenues. Il est préférable de discuter de nos pratiques uniquement avec notre Maître ou quelques amis proches.

Si nous avons adopté la méditation, il n'est pas nécessaire de faire de grands changements dans notre mode de vie, notre comportement ou notre apparence. Nous pouvons conserver notre emploi et nos amis, continuer à vivre dans notre belle maison et simplement jouir de la vie comme d'habitude.

La méditation n'est pas une activité extérieure mais intérieure. Notre pratique transformera notre esprit à un niveau subtil ; elle nous rendra plus sensibles et plus clairs et nous apportera une compréhension nouvelle des expériences ordinaires de la vie quotidienne. Les changements superficiels ne sont pas naturels, et il est peu probable qu'ils impressionnent quiconque mais les changements profonds créés par la méditation sont authentiques et bénéfiques pour nous-mêmes et pour autrui.

2. La Session de Méditation

Asseyons-nous

Asseyons-nous confortablement soit en prenant la posture en sept points soit une autre position recommandée (p. 35). Prenons quelques minutes pour calmer notre corps et notre esprit. Décidons quelle méditation nous allons faire et combien de temps nous allons méditer, et déterminons-nous à ne rien faire d'autre pendant ce laps de temps.

Il est d'usage de se prosterner trois fois avant de s'asseoir pour méditer (p. 173). La prosternation contrecarre l'orgueil. Elle montre que nous acceptons d'avoir un travail à faire, des problèmes à résoudre et un long chemin à parcourir dans notre développement intérieur. Ce n'est pas forcément un acte de soumission à quelque chose d'extérieur, mais une reconnaissance que le potentiel de la complétude et de la perfection se trouve en nous. Nous nous prosternons devant notre propre nature véritable, que nous désirons éveiller par la méditation. Faite avec cette compréhension, la prosternation permet à l'esprit de se mettre dans un état propice à la méditation.

Etablissons une motivation

Examinons nos pensées. Pourquoi voulons-nous méditer ? Qu'espérons-nous accomplir ? Comme pour toute autre activité, plus notre objectif est clair et fermement établi, plus notre motivation est forte et plus nous avons des chances de réussir.

Un objectif à court terme de la méditation est simplement de calmer et de détendre. L'objectif de plus grande portée est d'en arriver finalement à une compréhension complète de la nature de la réalité en tant qu'antidote au malheur et à l'insatisfaction. Cependant, le but le plus altruiste, et donc le plus élevé de la méditation, est d'atteindre l'Eveil pour aider les autres à y parvenir également. C'est l'objectif à la plus grande portée -la motivation du Mahayana- et, inévitablement, les autres buts seront parachevés en chemin. Quelle que soit notre motivation, réfléchissons-y clairement avant de procéder à la méditation.

Si nous sentons que cela soutiendrait notre pratique, nous pouvons, soit réciter toutes les prières préliminaires de la page 167 ou uniquement *la prière de refuge* et de *l'esprit d'Eveil*. Certaines personnes trouvent que réciter des prières, mentalement ou verbalement, induit une bonne disposition d'esprit pour la méditation, en leur rappelant la sagesse et les autres qualités qu'ils désirent parachever. Si nous prions, réfléchissons au sens de chaque prière afin qu'elle coule naturellement de notre cœur.

Méditons

Maintenant, tournons-nous vers l'objet de méditation et gardons-le fermement à l'esprit pendant tout le temps imparti. Si nous nous heurtons à des problèmes pendant la session, suivons les conseils de la page 39.

Si nous faisons une méditation stabilisatrice en nous concentrant sur le souffle, par exemple, prenons comme objectif de maintenir notre esprit fermement sur l'objet de concentration. Si nous faisons une méditation analytique, examinons le sujet avec une pleine attention jusqu'à ce qu'un sentiment intuitif surgisse, puis pour qu'il devienne un avec notre expérience, focalisons notre esprit sur cette compréhension comme si nous faisions une méditation stabilisatrice. Lorsque nous ressentons que notre concentration commence à s'affaiblir, revenons au processus analytique.

Avant de commencer la méditation il est important de lire le préambule et d'intégrer alors dans la méditation -particulièrement la méditation analytique- les idées qui y sont exposées.

Terminons la méditation par une conclusion ferme à propos du sujet, en nous appuyant sur notre compréhension et nos expériences de la session.

Dans l'idéal, bien sûr, il serait préférable de ne pas avoir recours à ce livre ou à d'autres livres pendant notre méditation, mais jusqu'à ce que nous en connaissions les détails nous ne pourrons pas éviter d'avoir à ouvrir nos yeux de temps en temps pour vérifier l'étape suivante de la méditation. Faisons notre propre experience pour trouver la manière la plus confortable de mener nos sessions.

Il est très utile de suivre les méditations à l'aide de cassettes ou, avec un ami méditant, de se lire les méditations à haute voix, à tour de rôle.

Quelle que soit la méthode utilisée, il importe d'être détendu et débarrassé de toutes attentes irréalistes sur la manière dont la session devrait se dérouler. Suivons les instructions et notre propre sagesse, du mieux que nous le pouvons, ne paniquons pas et ayons confiance !

Dédions

Chaque fois que nous méditons, ne fût-ce que quelques minutes, nous créons de l'énergie positive et développons un certain degré de compréhension. Les effets de cette énergie et de cette compréhension sont déterminés par nos pensées et nos attitudes quand nous passons de la méditation aux activités ordinaires. Si nous terminons la session l'esprit mécontent ou trop précipitamment, il est probable que nous perdrons une bonne partie de cette énergie.

Avant de quitter notre siège de méditation, prenons quelques minutes pour repenser aux raisons et à la motivation que nous avons établies pour faire cette session et dédions notre énergie et notre compréhension à l'accomplissement de ces objectifs. Ainsi une dédicace claire stabilise la compréhension et garantit les résultats à venir.

Et n'oublions pas d'intégrer ces bonnes expériences de méditation à nos activités quotidiennes. Au lieu d'agir et de réagir impulsivement, de poursuivre nos pensées et nos sentiments, par-ci par-là, surveillons attentivement notre esprit, soyons conscients et essayons de gérer habilement nos problèmes dès qu'ils surgissent. Si nous pouvons faire cela chaque jour, notre méditation sera couronnée de succès.

3. La Posture

Le corps et l'esprit sont interdépendants. Parce que l'état de l'un affecte l'autre, on insiste sur une posture correcte pour la méditation. La posture en sept points, utilisée par des méditants expérimentés depuis des siècles, est recommandée comme étant la meilleure manière de favoriser l'obtention d'un état d'esprit calme et clair.

1. Les jambes

Si possible, asseyons-nous les jambes croisées dans *la posture du vajra* (ou lotus), dans laquelle chaque pied est placé, plante des pieds vers le haut, sur la cuisse de la jambe opposée. Cette position est difficile à maintenir mais en pratiquant tous les jours, nous remarquerons que notre corps s'adapte doucement et que nous sommes capables de nous asseoir ainsi pour des périodes de plus en plus longues. La posture du vajra procure le meilleur soutien au corps, mais n'est pas essentielle.

Une autre posture est celle du demi lotus dans laquelle le pied gauche se trouve sur le sol sous la jambe droite et le pied droit par-dessus, sur la cuisse gauche. Nous pouvons aussi nous asseoir simplement les jambes croisées avec les deux pieds en contact avec le sol.

Un coussin dur sous les fesses nous permettra de garder notre dos droit et de rester assis plus longtemps sans avoir des fourmis dans les jambes et les pieds.

Si nous sommes incapables de nous asseoir par terre dans l'une de ces positions, nous pouvons méditer sur une chaise ou sur un banc bas incliné. L'important, c'est d'être à l'aise.

2. Les bras

Posons nos mains, sans les serrer dans notre giron à environ quatre doigts sous le nombril, la main droite sur la main gauche, les paumes vers le haut avec les doigts alignés. Les deux mains doivent être légèrement incurvées afin que l'extrémité des pouces se rencontrent pour former un triangle. Les épaules et les bras doivent être détendus. Les bras ne doivent pas être serrés contre notre corps mais en être maintenus à quelques centimètres pour laisser l'air circuler : ce qui permet d'éviter la somnolence.

3. Le dos

Notre dos est le plus important. Il doit être droit, détendu et légèrement vertical comme si les vertèbres étaient une pile de pièces de monnaie. Cela sera peut être difficile au début, mais deviendra naturel avec le temps, et nous en remarquerons les bienfaits : notre énergie s'écoulera plus librement (p. 155), nous ne nous sentirons pas amorphes et serons capables de nous asseoir confortablement, en méditation, pour des périodes de plus en plus longues.

4. Les yeux

Les méditants débutants trouvent souvent qu'il est plus facile de se concentrer avec les yeux complètement fermés. Ceci est tout à fait acceptable. Cependant il est recommandé de garder les yeux légèrement ouverts pour laisser entrer une petite lumière, et de diriger notre regard vers le bas. Fermer les yeux peut inviter à l'indolence, au sommeil ou aux rêves éveillés qui gênent la méditation !

5. Les joues

Nos joues doivent être détendues et les dents à peine séparées, non pas serrées. Notre bouche doit également être relâchée, les lèvres légèrement closes.

6. La langue

Le bout de notre langue doit toucher le palais, juste derrière les dents supérieures, ce qui permet de réduire le flot de salive et, par conséquent, le besoin de déglutir ; ce sont là deux obstacles, au moment où notre concentration s'accroît, et que nous sommes assis en méditation, pour de longues périodes.

7. La tête

Notre cou doit être légèrement penché vers l'avant afin que notre regard se fixe naturellement sur le sol en face de nous. Si nous tenons notre tête trop haute, il se peut que notre esprit vagabonde et s'agite, et si nous la baissons trop nous pourrions éprouver engourdissement ou somnolence.

Cette posture en sept points est la plus favorable à une contemplation claire, libre d'obstruction. Au début nous la trouverons peut être difficile, mais c'est une bonne idée de vérifier chacun des points lorsque nous commençons notre session et d'essayer de maintenir la posture correcte pendant quelques minutes. Avec l'habitude, cela nous semblera plus naturel et nous commencerons à en ressentir les bienfaits.

La pratique du hatha yoga ou d'autres disciplines physiques peuvent beaucoup nous aider à relâcher la tension des muscles et des articulations et ainsi nous permettre de nous asseoir plus confortablement. Cependant, si nous n'arrivons pas à nous adapter à la position assise, jambes croisées, nous pouvons faire un compromis entre la posture parfaite et un état détendu. En d'autres mots, gardons notre corps et notre esprit heureux, à l'aise et libres de tension.

4. *L*ES *P*ROBLEMES *C*OURANTS

L'agitation mentale

Parfois, pendant la session de méditation, l'esprit est très agité et notre attention est continuellement distraite par d'autres choses. Cela a tendance à arriver quand nous nous sentons excités et heureux. Nos pensées se tournent vers les gens que nous aimons, vers les bonnes expériences que nous avons eues, les conversations, les endroits et les films que nous avons appréciés. En temps normal, nous laissons l'esprit opérer de la sorte sans essayer de le contrôler, aussi, la distraction mentale devient-elle une habitude profondément ancrée.

Il n'est pas facile d'abandonner des habitudes, mais nous devons reconnaître que la distraction mentale est à l'extrême opposé de la méditation. Aussi longtemps que nous sommes affairés à tourner en rond à la surface de l'esprit, nous ne pénétrerons jamais sa profondeur et ne développerons jamais la concentration dont nous avons besoin pour percevoir la réalité.

Il y a de nombreuses méthodes pour contrecarrer l'agitation ou excitation mentale. L'une d'elles est de nous concentrer fermement sur le souffle et de laisser l'esprit devenir aussi calme et égal que le rythme naturel de notre respiration (p. 47). Chaque fois que notre attention s'égare, revenons au souffle. Observons toutes les pensées et sensations qui surgissent sans nous impliquer dans aucune ; souvenons-nous que ce ne sont que les vagues de notre esprit qui apparaissent et disparaissent. Lorsque nous avons repris le contrôle de notre esprit nous pouvons retourner à l'objet principal de la session.

La méthode recommandée par les yogis tibétains est celle d'imaginer que l'esprit est enfermé dans une minuscule graine ronde dont l'hémisphère supérieur est blanc et l'inférieur rouge, situé dans le canal central (p. 155) au niveau de notre nombril. Concentrons-nous sur cela jusqu'à ce que l'esprit soit apaisé, puis revenons à l'objet de méditation.

Si nous sommes familiarisés avec les méditations analytiques sur la mort, l'impermanence ou la souffrance (voir Chapitre IV), réfléchissons brièvement sur les points essentiels de l'une d'entre elles ; cela permet souvent de calmer et d'équilibrer notre esprit. Il peut aussi être utile de nous rappeler notre motivation -la raison pour laquelle, en fait, nous nous sommes assis pour méditer- et de renforcer ainsi notre détermination.

Si l'excitation mentale est un problème qui revient souvent, vérifions notre posture. La colonne vertébrale doit être très droite et la tête légèrement inclinée en avant avec le menton un peu en retrait ; l'esprit a tendance à être agité lorsque la tête est trop haute. Réduire la luminosité dans la pièce pourrait aussi être profitable, car la lumière vive risque de stimuler les pensées et les sensations.

La patience est essentielle quand nous avons à faire à un esprit affairé. Ne nous fâchons pas avec nous-mêmes si nous ne pouvons pas garder notre attention sur l'objet de méditation. Cela demande du temps et une pratique persistante pour apprendre à nous calmer et à obtenir un certain contrôle sur l'esprit, soyons donc indulgents avec nous-mêmes.

La somnolence

A l'opposé même de l'excitation se trouve la somnolence. Elle peut varier d'un état d'engourdissement et d'apathie à un état proche de l'inconscience. Elle est reliée à une autre de nos habitudes : généralement, lorsque nous fermons nos yeux et détendons notre esprit et notre corps, il est temps d'aller se coucher !

Tout d'abord, assurons-nous que notre dos est droit et que notre tête n'est pas trop penchée en avant. Ouvrons nos yeux à moitié et méditons le regard fixé sur le sol devant nous. Augmenter la luminosité dans la chambre devrait également nous aider à rester vigilants.

Une autre solution est de visualiser notre esprit enfermé dans une minuscule graine dans le canal central au niveau de notre nombril, comme auparavant. Cette fois, nous imaginons que la graine monte en flèche dans le canal central et sort par le sommet de notre tête. La graine s'ouvre et notre esprit fusionne avec un vaste espace vide. Concentrons-nous sur cette expérience pendant un moment puis revenons à la méditation.

Il est possible que cette somnolence soit symptomatique d'une dépression sous-jacente, auquel cas, il pourrait être utile d'expérimenter certains antidotes à la dépression (p. 119).

Si notre esprit est encore engourdi et somnolent après avoir essayé ces remèdes, il serait préférable de faire une pause ou d'arrêter entièrement la méditation.

L'inconfort physique

Nos méditations se dérouleront facilement si notre corps est décontracté et à l'aise, mais il est souvent difficile de parvenir à cet état. Nombre de nos tensions physiques sont reliées à l'esprit et surgissent de problèmes non résolus, des peurs, des inquiétudes et de la colère. La solution la plus efficace est de reconnaître ces problèmes et de les résoudre dans la méditation. Une méthode à court terme pour relâcher la tension corporelle est de parcourir le corps à l'aide de notre attention ; nous pouvons l'utiliser soit au début d'une session de méditation, soit pendant la session. Commençons au sommet de la tête et descendons tout le long du corps. Concentrons-nous brièvement sur chacune de ses parties, et consciemment laissons-la se détendre. Imaginons que la tension se dissout tout simplement.

Une autre méthode consiste à respirer profondément et lentement et à imaginer, avec une grande concentration, que la tension ou la douleur quitte le corps avec chaque expiration.

Si aucune de ces méthodes ne fonctionne, nous pourrions en essayer une plus élaborée en visualisant que notre corps est creux. En commençant au centre de notre poitrine, imaginons que toutes les parties internes et solides de notre corps se dissolvent en lumière, puis en un espace vide. Tout ce qui se trouve dans notre poitrine, notre tête, nos bras et nos jambes graduellement se dissout et devient vide. Notre peau se transforme en une fine membrane de lumière pour contenir cet espace vide. Concentrons-nous pendant un instant sur cette expérience de notre corps creux, semblable à un ballon.

Si le fait d'être assis provoque une gêne ou de la douleur dans les genoux ou au dos, par exemple, nous pouvons changer de position pour en adopter une plus confortable. Puisque la méditation est une activité de l'esprit et non pas du corps, il est plus important de garder l'esprit clair et à l'aise. Cependant, à certains moments, il est bon d'*observer* uniquement la douleur qui est une expérience consciente, une perception mentale, et d'essayer de dépasser la réaction habituelle de peur à son égard. Au lieu de lui attribuer la dénomination « douleur », voyons-la comme une sensation, un autre type d'énergie. Une telle analyse devrait nous permettre de mieux comprendre les mécanismes de notre esprit et nous aider à développer une plus grande maîtrise de nos réactions physiques.

Une extension de cette méthode de gestion de la douleur physique consiste à l'accroître mentalement autant que possible. Imaginons qu'elle devient de plus en plus forte. Après un certain temps, revenons à la douleur originelle qui désormais apparaît bien moins douloureuse qu'auparavant !

Une autre méthode consiste à visualiser la souffrance de tous les êtres de l'univers, puis avec une grande compassion, à l'inclure mentalement dans la douleur que nous expérimentons en ce moment. Méditons que nous avons pris en charge la douleur de tous les êtres, qui sont ainsi libérés de toutes leurs souffrances. Maintenons cette pensée et réjouissons-nous en aussi longtemps que possible.

Il est bon de faire l'expérience de ces méthodes pour gérer la douleur, mais prenons garde à ne pas les utiliser de manière exagérée ; ce qui pourrait nous porter préjudice !

Les images et sensations étranges

Les méditants font parfois l'expérience d'images inhabituelles qui se manifestent dans leur esprit, ou de sensations telles que le corps qui s'étend ou se rapetisse, ou l'esprit qui flotte hors du corps. Ce sont les réactions normales de l'esprit qui s'ajuste à une nouvelle activité, et il n'y a pas à s'en inquiéter.

D'un autre côté, ne nous attachons pas à de telles expériences et n'essayons pas de les répéter ; cela ne ferait que nous distraire du but réel de la méditation. Observons simplement toutes les images et sensations qui surgissent sans nous y accrocher ni les rejeter et laissons-les disparaître d'elles-mêmes.

Cependant, si une expérience perturbante survient fréquemment et que nous sommes incapables de nous en libérer, nous devons consulter un Maître de méditation ou un pratiquant plus expérimenté. Il serait peut être préférable d'interrompre notre pratique jusqu'à ce que nous recevions leurs conseils.

Le découragement

Nous entendons souvent les gens se plaindre : « je n'arrive pas à méditer ; j'ai essayé mais cela ne marche pas » ou « j'ai médité pendant de nombreux mois, mais il ne se passe rien. » Le problème, d'habitude, est qu'ils en attendent trop, trop rapidement.

Nous devons être réalistes. La plupart d'entre nous n'avons jamais essayé de comprendre notre esprit ou de contrôler nos pensées et nos sentiments, au cours de notre vie. Les vieilles habitudes sont difficiles à casser. Même si les résultats d'une méditation quotidienne ne se font pas sentir pendant deux ou trois ans, bien que cela soit très improbable, cela ne doit pas être une cause d'inquiétude ou de désespoir.

Les changements positifs n'apparaissent pas soudainement, comme par enchantement, mais se développent lentement, graduellement, petit à petit, chaque jour, soyons donc patients avec nous-mêmes. Souvenons-nous qu'un simple effort pour comprendre et contrôler l'esprit *est* méditation. En essayant de faire ce qui est le meilleur pour nous-mêmes et pour autrui, nous pouvons être assurés que notre méditation est utile.

Souvent, les nouveaux méditants pensent que leur esprit négatif empire, ne s'améliore pas ; ils ont l'impression que la cause en est la méditation ! Réfléchissons, cependant, à ce qui se passe lorsque nous lavons nos vêtements. Quand nous les trempons dans l'eau, la première fois, il en sort une certaine quantité de saleté. Si nous continuons à les frotter, l'eau devient de plus en plus sale. Il se peut même que nous soyons surpris par la quantité de saleté qu'ils contiennent. Il serait stupide d'en blâmer le savon, l'eau et la brosse ; le processus du lavage révèle tout simplement ce qui est déjà là et c'est la méthode juste pour éliminer complètement la saleté.

De la même façon, la méditation est ce qui nous permet de purifier l'esprit de ce qui s'y trouve déjà : d'abord, nous découvrons les négativités grossières, puis les plus subtiles.

Soyons donc patients et ne nous inquiétons pas !

*III. M*ÉDITATIONS SUR L'*E*SPRIT

1. Méditations sur le Souffle

L'activité mentale principale utilisée dans les méditations sur le souffle est la concentration, l'aptitude de l'esprit à maintenir l'attention fixée sur ce qu'il est en train de faire, sans l'oublier et sans dévier vers d'autres objets. Ici l'objet de concentration est notre propre respiration. Dans son aspect le plus efficace, l'attention est accompagnée de la vigilance discriminante, autre fonction de l'esprit qui, telle une sentinelle, prend garde aux distractions et aux pensées perturbatrices.

L'attention est essentielle pour une méditation réussie; dans notre vie quotidienne, elle nous permet de rester centrés, vigilants, attentifs et nous aide à savoir ce qui se passe dans notre esprit, à l'instant même, et ainsi à gérer habilement les problèmes quand ils surgissent.

Différentes traditions enseignent des méthodes diverses pour cultiver l'attention, en voici deux variantes. Nous choisissons celle avec laquelle nous nous sentons à l'aise pour la pratiquer régulièrement -il est préférable de ne pas passer de l'une à l'autre.

Nous pouvons utiliser une méditation sur le souffle -ou attention au souffle- soit comme pratique principale, soit comme un préliminaire à d'autres méditations. C'est une technique inestimable : une pratique régulière nous permet, progressivement, d'obtenir le contrôle sur notre esprit. Nous nous sentirons plus détendus et plus à même d'apprécier la vie, car nous aurons une plus grande sensibilité de nous-mêmes ainsi que des gens et des choses autour de nous. En utilisant notre attention intensifiée dans d'autres méditations, nous serons capables de maintenir notre concentration pour des périodes plus longues.

C'est pourquoi, la méditation sur l'attention est importante aussi bien pour les débutants que pour les méditants avancés : pour ceux qui désirent une technique simple pour détendre et calmer l'esprit et pour des méditants sérieux qui consacrent leur vie au développement spirituel.

La pratique

Asseyons-nous le dos droit et décontractons notre corps. Pensons à notre motivation ou à l'objectif de cette méditation et décidons que pendant toute la durée de cette session nous garderons notre attention fixée sur l'objet de concentration afin de parachever cet objectif.

Choisissons l'une des méthodes suivantes pour pratiquer l'attention sur le souffle.

1. Concentrons-nous sur la sensation à la base de nos narines lorsque le souffle pénètre et quitte notre corps. Maintenons notre attention sur cette perception subtile et observons la durée complète de chaque inspiration et expiration.

Si nous le désirons, nous pouvons compter des cycles de cinq ou dix respirations complètes, en recommençant à un chaque fois que nous perdons le compte ou que notre esprit s'égare.

2. Utilisons la méthode décrite ci-dessus mais concentrons-nous, cette fois, sur le mouvement de l'abdomen à chaque inspiration et expiration.

Quelle que soit la méthode que nous choisissons, respirons normalement et doucement. Des pensées apparaîtront inévitablement, mais maintenons une attitude neutre à leur égard, sans être ni attirés, ni repoussés. Autrement dit, ne réagissons pas avec aversion, inquiétude, excitation ou attachement aux pensées, images ou sensations qui surgissent. Remarquons simplement leur existence et ramenons notre attention sur l'objet de la méditation. Même si nous devons le faire cinquante fois en une minute, ne nous sentons pas frustrés ! Soyons patients et persévérants, en fin de compte, nos pensées s'apaiseront.

Imaginons que notre esprit est comme un lac calme et clair ou un vaste ciel vide : des ondulations apparaissent à la surface du lac et des nuages passent dans le ciel, mais ils disparaissent rapidement sans en altérer le calme naturel. Des pensées vont et viennent ; elles sont éphémères et momentanées. Reconnaissons-les et laissons-les aller en ramenant notre attention encore et encore sur la respiration.

Contentons-nous de demeurer dans le présent. Acceptons l'état d'esprit dans lequel nous sommes, quel qu'il soit, ainsi que tout ce qui surgit dans notre esprit. Soyons libres de toute attente, d'attachement et de frustration. N'aspirons pas à être ailleurs, à faire quelque chose d'autre ou même à ressentir autre chose. Soyons satisfaits de ce que nous sommes.

Lorsque notre habileté s'est développée et notre aptitude à éviter les distractions s'est accrue, allons plus loin dans notre vigilance. Prenons mentalement note de la nature des pensées qui surgissent : « je pense à mon ami », « je pense au petit déjeuner », « j'entends un oiseau », « je ressens de la colère », « je ressens de l'ennui ». De façon plus simple encore nous pouvons relever « imagination », « attachement », « mémoire », « son », « douleur ». Aussitôt la pensée ou le sentiment noté, laissons-le aller, en nous souvenant de sa nature impermanente.

Une autre technique consiste à utiliser les distractions pour nous aider à obtenir une compréhension de la nature de l'esprit. Lorsqu'une pensée surgit, au lieu de nous concentrer sur la pensée elle-même, concentrons-nous sur le penseur. Ce qui signifie, qu'une partie de l'esprit, la *vigilance discriminante*, jette un regard sur une autre partie, une *distraction*. L'objet perturbateur disparaîtra, mais gardons notre attention fixée sur le penseur aussi longtemps que possible. Puis, à nouveau, lorsqu'une autre pensée arrive, concentrons-nous sur le penseur et suivons le même procédé. Une fois que les distractions ont disparu, revenons à l'attention au souffle.

Ces méthodes pour gérer les distractions peuvent être appliquées à toute méditation. Il est inutile d'ignorer ou de refouler les pensées perturbatrices ou l'énergie négative, car elles réapparaîtront avec insistance. (En ce qui concerne d'autres méthodes pour gérer l'énergie négative, voir p. 109).

A la fin de notre session, dédions l'énergie positive créée par notre méditation à la réalisation du but que nous nous étions fixés au départ.

2. MÉDITATION SUR LA CLARTÉ DE L'ESPRIT

La réalité de notre existence est que nous sommes une combinaison du corps et de l'esprit. Chacun d'eux, à leur tour, est une combinaison de nombreuses parties, toutes dans un état de fluctuation constante. Malheureusement, notre ego ne se satisfait pas d'une explication aussi simple. Il complique la question en fabriquant l'idée d'un « je » ou « soi » fondé sur nos conceptions, sur ce que nous aimons et ce que nous n'aimons pas. Nous pensons, « je suis séduisant », « je suis laid », « je suis un bon danseur », « je ne réussirai pas », « j'ai un mauvais caractère ». Nous croyons à ces projections et nous présumons qu'elles sont permanentes et ne pourront changer.

Nous faisons la même chose avec les personnes et les choses qui nous entourent. Nous *pensons* : « il est laid », « elle est gentille. » Nous échafaudons notre propre image détaillée et très solide de la réalité et nous nous y accrochons aveuglément.

La méditation sur la clarté de l'esprit est un antidote efficace à nos projections concrètes. Nous pouvons acquérir une expérience directe de la nature claire, immatérielle et éphémère de toutes les pensées, des sentiments et des perceptions, affaiblissant ainsi la tendance à nous identifier à eux. Comme le sujet -l'esprit- s'adoucit, les objets qu'il projette en font de même; lentement, ils perdent leur aspect concret. Le sentiment d'hostilité envers la « personne mauvaise » surgira peut être encore à cause de l'habitude, mais nous aurons l'espace pour nous rappeler que « c'est une projection de ma pensée qui est claire et transitoire. Telle une vague, elle s'élève dans mon esprit pour bientôt disparaître. L'objet n'existe pas de la façon dont je le vois ».

Cette méditation est particulièrement efficace pour atténuer la conception que nous avons de notre propre « moi ». Habituellement, nous avons peu d'estime de nous-mêmes et nous nous basons sur des erreurs du passé, des défauts de notre personnalité, des mauvaises habitudes etc. Mais la colère, la jalousie, l'égoïsme, la dépression et les autres problèmes qui nous hantent sont des expériences *mentales* et sont donc claires et transitoires. L'existence de ces états d'esprit *dépend* de notre croyance en eux ! En reconnaissant cela au cours de la méditation sur la nature de l'esprit, nous apprenons à lâcher prise et nous arrêtons de nous identifier à ces expériences.

Notre nature primordiale est claire et pure et est en nous vingt-quatre heures par jour. Les négativités qui s'élèvent et retombent comme des vagues sur l'océan de notre conscience sont temporaires et peuvent être éliminées. Une pratique suivie de cette méditation produira finalement une certitude quant à cette nature pure, jusqu'au moment où cela deviendra notre réalité, notre expérience même. C'est une étape normale vers la compréhension de la nature plus subtile du « soi » et de tous les phénomènes : leur vide d'existence intrinsèque (p. 63).

La pratique

Commençons par inspirer profondément par les deux narines, faisons descendre l'air dans le ventre, retenons-le pendant un moment, puis expirons lentement et doucement à travers les lèvres très légèrement entrouvertes. Répétons cela deux fois puis respirons normalement ; observons notre respiration sans penser, sans conceptualiser. Une fois que notre état de conscience s'est avivé, tournons notre attention sur la clarté de notre conscience.

Notre conscience (ou esprit) est tout ce que nous expérimentons en ce moment : les sensations de notre corps, les pensées, les sentiments, les perceptions de sons, etc. La nature de chacune de ces expériences est la clarté, sans forme ni couleur, semblable à l'espace, une conscience pure. Concentrons notre attention sur cette nature pure et claire ou lumineuse de l'esprit.

Au début, il est peut être difficile de trouver l'objet réel, c'est-à-dire la clarté. S'il en est ainsi, méditons sur une image mentale de la clarté ; un des moyens de produire une telle image est de visualiser l'espace. Imaginons que nous sommes couchés sur le sommet d'une colline et que nous fixons un ciel parfaitement clair et sans nuages. Concentrons-nous sur ce vide immense et libre d'obstruction. Imaginons que ce vide se répand vers le bas et nous enveloppe, nous et notre environnement ; tout devient vide comme l'espace. Maintenons cette expérience ; ressentons que la nature de notre esprit est semblable à cet espace vide et lumineux.

Les pensées et les distractions surgiront, mais n'y réagissons pas ; ne les suivons pas, ne les rejetons pas non plus. Souvenons-nous qu'elles sont par nature claires, sans substance. Observons-les simplement aller et venir, puis revenons à la prise de conscience de la clarté de l'esprit.

Ne pensons à rien pendant cette méditation. Il n'est pas nécessaire de nous demander ce qu'est l'esprit ; *observons-le* seulement, observons sa nature claire, semblable à l'espace vide et infini. C'est suffisant. Soyons naturels. La méditation est quelque chose de simple et de naturel ; rien de spécial.

Se concentrer signifie maintenir l'esprit continuellement sur un objet, sans l'oublier. Il en résulte automatiquement un état de conscience libre de concepts. Une lumière n'a pas besoin de penser « je dissipe l'obscurité », elle illumine tout simplement. La conscience est une lumière intérieure qui nous permet de voir les choses plus clairement. Elle chasse la lourdeur avec laquelle les choses nous apparaissent et affaiblit ainsi notre attachement ou notre aversion à leur égard.

Méditons pendant de courtes périodes -dix à quinze minutes- jusqu'à ce que notre concentration s'améliore. Puis, nous pourrons nous asseoir pour une heure ou plus, ou aussi longtemps qu'il nous sera possible de maintenir une attention intense. Si la méditation se déroule bien, nous nous sentirons légers et détendus.

Terminons la session en dédiant l'énergie positive créée au cours de la méditation, pour le bonheur et le bien-être de tous.

3. Méditation sur la Continuité de l'Esprit

L'esprit a été comparé à un vaste océan, et nos perceptions, nos pensées et nos émotions aux vagues s'élevant et retombant à sa surface. Cette analogie nous permet de comprendre les expériences qui se produisent quand nous méditons ou effectuons nos activités quotidiennes. Mais, pour nous rendre compte d'où vient l'esprit et où il va, il est utile de le voir comme une rivière qui s'écoule dans le temps.

Sans interruption, chaque moment de l'esprit conduit au moment suivant. L'esprit circule sans cesse, jour et nuit, tel un courant d'innombrables expériences momentanées, constamment changeantes. Les pensées et les sentiments surgissent et disparaissent rapidement, mais laissent des empreintes qui sont transportées par le courant de conscience.

Le bouddhisme explique que l'esprit n'a ni commencement ni fin, contrairement au corps qui est conçu, naît, meurt et se désintègre. Notre personnalité et nos expériences de cette vie sont modelées par les empreintes véhiculées par l'esprit et provenant de vies passées. De la même façon, tout ce que nous faisons et pensons à présent détermine nos expériences futures. Cela dépend de nous : nous pouvons être ce que nous voulons tant que nous canalisons nos énergies dans cette direction. Pour cela, nous devons comprendre l'esprit et apprendre à savoir comment l'utiliser habilement.

Accepter l'existence d'autres vies dépend d'une telle compréhension de l'esprit. S'il nous est arrivé de nous remémorer les expériences de nos vies antérieures, nous réaliserons que tout comme cette vie est le futur de celles passées, elle sera aussi le passé des vies à venir. Lorsque notre esprit sera devenu suffisamment calme, nous pourrons voir profondément en lui et c'est seulement lorsque nous aurons expérimenté nous-mêmes la réalité des vies passées que nous serons convaincus de leur existence.

Cependant, c'est une idée étrangère à de nombreuses personnes. Nous présentons ici plusieurs approches analytiques pour considérer la validité du continuum mental.

Tout d'abord, l'esprit est impermanent, transitoire et change d'instant en instant. Il est ainsi un effet, un résultat; le produit d'une cause. En tant que succession de moments changeants sans cesse, chacun étant nécessairement le résultat du moment précédent, comment pourrait-il avoir un commencement dans le temps ?

Certaines personnes maintiennent que l'esprit est le cerveau. Mais, tel qu'il est défini ici, l'esprit est l'ensemble des expériences elles-mêmes, comment la seule pensée ou le seul sentiment pourrait-il être quelque chose de physique ? L'esprit *dépend* du cerveau et du système nerveux, mais ne peut pas, lui-même, *être* le cerveau.

Notre propre esprit ne peut pas non plus provenir de l'esprit des autres, de celui de nos parents, par exemple. Si tout ce que nous sommes actuellement et expérimentons maintenant est nécessairement le résultat de nos actions passées du corps, de la parole et de l'esprit, alors l'esprit doit exister comme la continuité de l'individu lui-même.

Ici, la méditation est très utile pour faire l'expérience de notre propre esprit comme étant un flot d'événements s'écoulant continuellement et perpétuellement changeant.

La pratique

Asseyons-nous confortablement et détendons-nous. Etablissons une motivation positive et favorable pour cette méditation. Prenons du temps pour nous concentrer sur notre souffle jusqu'à ce que l'esprit soit calme et clair.

Jetons, tout d'abord, un coup d'œil à notre état d'esprit actuel, aux pensées et aux sensations qui passent comme un éclair. Observons-les simplement d'une façon détachée, sans nous y accrocher ni en rejeter aucune.

A présent, commençons à voyager en remontant le temps. Brièvement, parcourons les expériences conscientes que nous avons eues depuis notre réveil ce matin... Font-elles partie du même courant de conscience que nos expériences actuelles ?

Avant de nous réveiller, nous rêvions probablement. Essayons de nous souvenir de nos rêves de la nuit dernière. Appartiennent-ils également à ce même courant de conscience ?

Continuons à retracer nos expériences mentales d'hier, d'il y a deux jours, de la semaine dernière, du mois dernier, de l'année dernière ; d'il y a deux, cinq, dix ans. Continuons à vérifier si ces expériences font partie du même courant de conscience.

Evitons de nous impliquer dans ces souvenirs. Le but de la méditation n'est pas de revivre de bons moments ou de régler des problèmes du passé, mais de ressentir la continuité de l'esprit. S'il nous arrive de trouver dans notre mémoire quelque chose que nous aimerions examiner plus profondément, mettons-le de côté pour plus tard.

Remontons dans notre vie aussi loin que possible, en ramenant à l'esprit les expériences de notre adolescence et de notre enfance... Des personnes arrivent, parfois, à se souvenir de leur petite enfance ou même du moment de la naissance. Détendons-nous et ouvrons notre esprit pour permettre à de tels souvenirs de surgir... Il est possible, que nous puissions même nous souvenir de quelque chose d'une autre vie.

Après être parvenus à remonter aussi loin que possible, dans notre mémoire, ramenons doucement notre conscience dans le présent et observons à nouveau les pensées et sentiments qui surgissent. Expérimentons simplement notre courant de conscience alors qu'il continue de s'écouler ; ressentons sa dynamique : une pensée ou un sentiment mène au suivant, qui conduit au suivant, qui mène au suivant etc.

Finalement, essayons d'avoir une idée sur sa destination. Regardons s'écouler notre courant de conscience tout au long du reste de la journée, puis demain, le jour suivant, au long des semaines et des années... jusqu'à la mort. Que se passe-t-il alors ?

Considérons les différentes possibilités : le courant de conscience cesse-t-il soudain d'exister ? Se transforme-t-il en quelque chose d'autre ? Continue-t-il, en rencontrant de nouvelles expériences ?

Examinons ces possibilités avec attention, en utilisant les raisonnements donnés auparavant. Même si nous ne parvenons pas à une conclusion définitive, la chose importante est de regarder avec un esprit clair. Finalement, dédions toute connaissance acquise à la compréhension ultime de notre esprit pour le bien de tous les êtres vivants.

IV. Méditations Analytiques

A PROPOS DE LA MÉDITATION ANALYTIQUE

Les méditations proposées ici apportent des solutions à une grande variété de problèmes et nous aideront à développer une vue plus réaliste de nos mondes intérieur et extérieur.

Tout d'abord, nous proposons une méditation sur la vacuité, remède le plus puissant à toute difficulté. Toutefois, développer une compréhension suffisante de cette méthode afin qu'elle s'avère efficace dans la gestion des émotions perturbatrices courantes et tenaces, peut prendre du temps. Mais persévérons : cela en vaut la peine!

Les autres méditations nous poussent à examiner les idées que nous avons de la vie, de la souffrance, de la mort, des relations humaines et à voir que ce sont ces idées et les attentes qui les accompagnent, qui occasionnent notre souffrance et nos frustrations.

La partie qui traite de l'énergie négative donne des conseils sur la façon de gérer les problèmes lorsqu'ils surgissent dans la vie quotidienne.

Nous commençons les méditations par quelques minutes -ou aussi longtemps que nous le désirons- d'attention au souffle pour calmer l'esprit et observer son état actuel.

Ensuite vient l'analyse. Il importe de ne pas laisser l'esprit s'égarer du thème choisi : plus nous sommes concentrés, mieux ce sera.

Laissons notre esprit se dissoudre dans le sujet, en le pénétrant avec une pensée intellectuelle, des questions, des images et des illustrations provenant de notre propre expérience. Notre méditation peut prendre la forme d'un cours à l'intérieur de nous comme si nous nous expliquions un sujet à nous-mêmes ; d'un débat, dans lequel nous jouons le rôle des deux partis ou d'une aventure intellectuelle en style libre.

Des doutes surgissent inévitablement, mais ne les esquivons pas. Les doutes sont des questions qui nécessitent des réponses, il nous faut donc être clairs sur ce que nous pensons et savoir pourquoi nous le pensons. Nous pouvons soit aboutir à une conclusion sur le point en question, soit le laisser de côté pour le moment pour le reprendre plus tard.

Si pendant l'analyse nous développons une expérience intuitive du sujet, arrêtons alors l'analyse et maintenons le sentiment, par une concentration en un point aussi longtemps que possible. Lorsque le sentiment s'évanouit, reprenons l'investigation ou concluons la session. Cette union de la méditation analytique et de la méditation stabilisatrice est essentielle, si nous voulons parvenir à une véritable transformation de l'esprit. Dans la méditation analytique, nous pensons à un sujet particulier et le comprenons intellectuellement, et grâce à la méditation stabilisatrice nous l'intégrons progressivement dans notre expérience même de la vie.

1. *M*ÉDITATION SUR LA *V*ACUITÉ

Tous les enseignements bouddhiques ont comme objectif de nous guider graduellement vers la réalisation de la vacuité. Dans ce contexte, *vacuité* signifie la vacuité d'une existence intrinsèque, concrète ; l'éradication totale de notre esprit de cette façon erronée de voir les choses, marque notre obtention de l'Eveil, la bouddhéité.

Qu'est ce que la « vacuité de l'existence intrinsèque » ? En termes pratiques, que cela signifie-t-il ?

Ce que nous appelons existence intrinsèque -ce de quoi toutes les choses sont dites être vides- est une qualité que nous projetons instinctivement sur chaque personne et sur tout ce que nous expérimentons. Nous voyons les choses comme existant pleinement, solidement par et en elles-mêmes, de leur propre côté, ayant leur nature propre, tout à fait indépendante de toute autre cause et condition ou de notre esprit qui en fait l'expérience.

Prenons l'exemple d'une table. Nous voyons une table solide, indépendante, là devant nous donc manifestement une table qu'il semble même ridicule de remettre en question. Mais où est la table ? Où sa *table-ité* se situe-t-elle ? Est-ce l'un de ses pieds ? Ou le plateau ? Est-ce l'une de ses parties ? Ou même l'un de ses atomes ? Quand a-t-elle commencé à être une table ? Combien de parties faut-il en enlever avant qu'elle ne cesse d'être une table ?

Si nous examinons minutieusement, nous découvrirons qu'il n'est tout simplement pas possible de *trouver* la table que nous pensons être là. Il y a, cependant, une table interdépendante, changeant de moment en moment, non-intrinsèque mais ce n'est pas ce que nous percevons. C'est là le point crucial du problème. Nous n'expérimentons pas la réalité dépouillée de chaque chose et de chaque personne mais une image de celles-ci exagérée, surestimée, projetée par notre propre esprit. Cette erreur qui marque chacune de nos expériences mentales est tout à fait instinctive et représente la racine même de tous nos problèmes.

Cette confusion mentale envahissante commence avec la mauvaise compréhension de notre propre « soi ». Nous sommes composés d'un corps -un tas d'os, de chair et de peau- et d'un esprit -un courant de pensées, de sentiments et de perceptions. L'ensemble est connu, commodément, en tant que » Marie », « Harold », « femme », « homme ». C'est une alliance temporaire qui prend fin à la mort du corps et la continuation de l'esprit vers d'autres expériences.

Ces faits bruts, sans fioritures peuvent être plutôt inquiétants. Une partie de nous, l'ego, avec son envie irrésistible de sécurité et d'immortalité, invente un soi intrinsèque, indépendant et permanent. Ce n'est pas un processus conscient et délibéré, mais il prend place profondément dans notre subconscient.

Ce « soi » imaginé apparaît avec une force particulière dans des moments de stress, d'excitation ou de peur. Par exemple, lorsque nous échappons de justesse à un accident nous éprouvons le sentiment très puissant d'un « je » qui a failli mourir ou souffrir et qui doit être protégé. Ce « je » n'existe pas; c'est une hallucination.

Notre adhésion à ce « je » erroné -connu comme l'ignorance de la saisie du soi- colore tous nos rapports avec le monde. Nous sommes attirés par des gens, des endroits et des situations qui gratifient et soutiennent l'image que nous avons de nous-mêmes et réagissons avec peur ou animosité à tout ce qui la menace. Nous considérons toutes les personnes et toutes les choses comme catégoriquement ceci ou cela. Aussi cette racine, la saisie du soi, se ramifie-t-elle en attachement, jalousie, colère, arrogance, dépression et en myriades d'autres états d'esprit agités et malheureux.

La solution finale est d'éliminer dans toutes nos expériences cette ignorance racine, par la sagesse qui réalise la vacuité des qualités erronées que nous leur projetons. C'est la transformation ultime de l'esprit.

La notion de vacuité semble plutôt abstraite, mais est en fait très concrète et applicable à notre vie. Le premier pas vers sa compréhension est d'essayer de nous faire une idée sur ce que nous *pensons* exister ; par exemple, nous pouvons tenter de localiser le « je » auquel nous croyons si fortement, puis en utilisant un raisonnement clair dans la méditation analytique, constater qu'il ne s'agit que d'une simple fabrication, de quelque chose qui n'a jamais existé et qui dès le départ, n'aurait jamais pu exister.

Mais n'en rejetons pas trop ! Incontestablement, nous existons ! Il *y a* un « soi » conventionnel, interdépendant qui expérimente le bonheur et la souffrance, qui travaille, étudie, mange, dort, médite et atteint l'Eveil. La première tâche, la plus difficile, est de distinguer ce « je » valide de celui qui est fabriqué ; d'habitude nous n'arrivons pas à les différencier. Dans la concentration de la méditation, il est possible de voir la différence, de reconnaître le « je » illusoire et d'en éradiquer la croyance à laquelle nous sommes habitués depuis si longtemps. La méditation qui suit est une première étape pratique dans cette direction.

La pratique

Commençons par une méditation sur le souffle pour détendre et calmer notre esprit. Etablissons une motivation ferme de faire cette méditation pour atteindre finalement l'Eveil pour le bien de tous les êtres.

Maintenant, avec la vigilance d'un espion, lentement et minutieusement, prenons conscience du « je ». Qui ou quoi est en train de penser, sentir et méditer ? Comment cela semble-t-il manifester son existence ? Comment cela nous apparaît-il ? Notre « je » est-il une création de notre esprit ? Ou est-ce quelque chose qui existe concrètement et indépendamment, de son propre chef ?

Si nous pensons pouvoir l'identifier, essayons de le localiser. Où est ce « je » ? Est-il dans notre tête... dans nos yeux... dans notre cœur... dans nos mains... dans notre estomac... dans nos pieds ? Minutieusement, considérons chaque partie de notre corps, en incluant les organes, les vaisseaux sanguins et les nerfs. Est-il possible de trouver notre « je » ? Il se peut qu'il soit très petit et subtil, considérons alors les cellules, les atomes, les parties des atomes.

Après avoir pris en considération tout le corps, demandons-nous à nouveau comment notre « je » manifeste son existence apparente. Semble-t-il toujours aussi vivant et concret ? Notre corps est-il le « je » ou non ?

Peut-être pensons-nous que notre esprit est le « je ». L'esprit est un courant constamment changeant de pensées, de sentiments et d'autres expériences, surgissant et disparaissant avec une alternance rapide. Où donc est le « je » ? Est-ce une pensée affectueuse... une pensée de colère... un sentiment de bonheur... un sentiment de dépression ? Le « je » est-il l'esprit qui médite... l'esprit qui rêve ? Nous est-il possible de trouver le « je » dans notre esprit ?

Y a t-il un autre endroit où chercher notre « je » ? Pourrait-il exister ailleurs ou d'une autre manière ? Examinons chaque possibilité à laquelle nous pourrions penser.

A nouveau, regardons de quelle manière notre « je » apparaît en réalité, le sentiment que nous en avons. Après cette recherche du « je », remarquons-nous un changement ? Croyons-nous encore qu'il est aussi solide et réel qu'il nous semblait auparavant ? Semble-t-il encore exister de manière indépendante, en et par lui-même ?

Puis, mentalement désintégrons notre corps. Imaginons que tous les atomes se séparent et partent à la dérive. Des milliards et des milliards de particules infimes s'éparpillent dans l'espace. Nous imaginons qu'en fait nous pouvons le percevoir.

A présent, mentalement désintégrons notre esprit. Laissons toute pensée, tout sentiment, toute sensation et toute perception se disperser puis disparaître.

Demeurons dans cette expérience d'espace sans être distraits par les pensées. Lorsque le sentiment d'un « je » indépendant, intrinsèque revient, analysons-le de nouveau. Existe-t-il dans le corps ? Dans l'esprit ? Comment existe-t-il ?

Ne faisons pas l'erreur de penser : « mon corps n'est pas le je et mon esprit n'est pas le je, donc je n'existe pas ». *Bien sûr* que nous existons, mais pas de la manière dont nous le ressentons instinctivement, c'est-à-dire de façon indépendante et intrinsèque. Conventionnellement, notre « soi » existe *en dépendance* de l'esprit et du corps, et cette combinaison est la base à laquelle la pensée conceptuelle attribue un nom : « je » ou « soi » ou « Marie » ou « Harold ». C'est ce « je » qui est assis, qui médite et se demande : « peut-être je n'existe pas ! »

Tout ce qui existe dépend nécessairement de causes et de conditions, ou de parties et de noms, pour son existence. C'est ainsi que les choses existent conventionnellement et comprendre l'interdépendance est la cause principale de la compréhension de la nature ultime d'une chose, sa vacuité. La nature conventionnelle d'une chose est sa dépendance de causes et de conditions, sa nature ultime est sa vacuité d'existence intrinsèque et indépendante.

Pensons maintenant à la manière dont notre corps existe conventionnellement : *en dépendance* de la peau, du sang, des os, des jambes, des bras, des organes et ainsi de suite. A son tour, chacune de ces choses existe *en dépendance* de ses propres parties : cellules, atomes et particules subatomiques.

Pensons aussi à notre esprit, à la manière dont il existe *en dépendance* des pensées, des sentiments, des perceptions, des sensations.

Et comment, chacun deux, à son tour, existe *en dépendance* des expériences conscientes précédentes qui leur ont donné naissance.

A présent, revenons à notre sentiment du « soi » ou « je ». Pensons à la façon dont nous existons conventionnellement, *en dépendance* de l'esprit, du corps et du nom : les parties du « soi ».

Quand le corps a faim ou a froid, par exemple, nous pensons : « j'ai faim », « j'ai froid. » Lorsque l'esprit a une idée à propos de quelque chose, nous disons : « je pense ». Quand nous ressentons de l'amour pour quelqu'un nous disons : « je t'aime ». Quand nous nous présentons à quelqu'un nous disons : « je suis untel ».

En dehors de ce sentiment de « je », qui dépend des courants du corps et de l'esprit qui s'écoulent sans cesse et changent toujours, y a t-il un « je » qui soit solide, immuable et indépendant ?

La simple absence d'un tel « je » existant de façon intrinsèque est la vacuité du soi .

Terminons la session par une conclusion quant à la manière dont nous existons, dont notre « soi » existe.

Puis dédions sincèrement toute l'énergie positive et la compréhension obtenues pour l'Eveil de tous les êtres. Pensons que cette méditation n'est qu'un pas sur la voie pour accéder finalement à une vision profonde directe de la vacuité et couper ainsi la racine de la souffrance et de l'insatisfaction.

2. Apprécier notre Vie Humaine

La fonction de la méditation analytique est de nous aider à reconnaître et à intercepter les attitudes et idées erronées qui nous occasionnent chagrin et insatisfaction. Nos expériences dans la vie dépendent de la façon dont nous pensons et ressentons les choses et parce que, la plupart du temps, nous ne percevons pas les choses de la manière dont elles sont en réalité, nous rencontrons une situation frustrante après l'autre.

Aussi longtemps que nous blâmons nos parents, la société ou d'autres facteurs extérieurs, nous ne trouverons jamais aucune solution satisfaisante à nos problèmes. Leur cause principale réside dans notre propre esprit. Il nous incombe donc de prendre la responsabilité de changer notre façon de penser, là où elle est erronée, c'est-à-dire, là où elle apporte du mécontentement, à nous et aux autres.

Cela peut se faire par la méditation, en prenant conscience, petit à petit, de la façon dont nous réfléchissons et ressentons les choses, en distinguant les attitudes correctes des incorrectes, et finalement en contrecarrant les attitudes nuisibles par des moyens appropriés.

Le point de départ de nombreux problèmes vient du sentiment que nous avons de nous-mêmes et de notre vie. L'existence humaine est très précieuse, mais généralement nous n'arrivons pas à l'apprécier. Nous avons tant de potentiel, tant de sagesse cachée et de bonté, tant à offrir au monde, mais nous ignorons cela et nous nous laissons assombrir par la dépression. En mettant l'accent sur les points faibles de notre caractère et sur les imperfections de nos relations avec les gens et avec le travail, par exemple, nous développons une piètre opinion, injuste de nous-mêmes. Plus le temps passe et plus cette image de soi devient concrète. Nous nous considérons comme des incapables et des bons à rien et par voie de conséquence nous nous tournons vers les autres pour essayer de trouver bonheur et satisfaction. Cependant comme nos amis ont vraisemblablement le même sentiment par rapport à eux-mêmes, souvent de telles relations n'apportent que plus de frustration.

Nous pouvons découvrir le potentiel de bonheur et de satisfaction qui réside en chacun de nous en prenant conscience de nos processus mentaux, puis en appliquant la sagesse discriminante à toutes nos actions du corps, de la parole et de l'esprit. Mais espérer être à même d'accomplir cela et d'en obtenir la réalisation, sans compléter tout d'abord le travail de base nécessaire, c'est inviter la frustration. Nous devons commencer par construire une fondation ferme, basée sur une vue réaliste de nous-mêmes. Nous devons accepter, aussi bien, nos traits de caractère positifs que négatifs et nous devons nous déterminer à en nourrir les bons aspects et à en transformer ou éliminer les mauvais. En fin de compte, nous reconnaîtrons la chance que nous avons d'être nés humains. Une fois cela compris, nous pouvons commencer à entraîner notre esprit pour atteindre l'Eveil.

En nous observant profondément et minutieusement, nous nous rendons compte que la plupart de nos problèmes quotidiens sont tout à fait insignifiants. Ce sont uniquement nos projections et nos conceptions qui les compliquent et leur permettent de s'amplifier démesurément. En nous apitoyant sur nous-mêmes, nous nous emprisonnons dans nos problèmes, qui semblent prendre de plus en plus d'importance et nous sombrons dans des états profonds de dépression et de désespoir. En nous complaisant dans un tel apitoiement, nous sommes incapables de voir que nous avons en fait créé nos problèmes et, par conséquent, notre état dépressif.

Cette méditation est un antidote aux dispositions d'esprit négatives telles que la dépression et le désespoir. Elle nous aide à reconnaître notre chance, notre unique et extraordinaire potentiel d'atteindre le vrai bonheur et la satisfaction et à nous en réjouir. Une compréhension de ce potentiel nous remplit naturellement de joie et d'enthousiasme pour la vie -qui ne se sentirait pas ravi en réalisant qu'il détient la clé de son propre accomplissement ? En même temps, reconnaître notre chance nous permet de voir clairement que nombreux sont ceux qui sont infiniment moins fortunés que nous. Nous ressentons une compassion véritable pour tous ces êtres et devenons activement concernés par leur situation de détresse.

La pratique

Nous commençons la méditation par l'attention au souffle afin d'amener l'esprit à un état calme et clair. Nous pouvons y consacrer autant de temps qu'il est nécessaire.

Puis, abordons la méditation analytique en examinant l'idée que nous avons de nous-mêmes : notre vie, notre personnalité, nos réalisations, nos talents etc. Sommes-nous satisfaits ou nous trouvons-nous beaucoup de défauts, aspirons-nous à plus encore ? Découvrons-nous des sentiments d'incapacité, de découragement ou de désespoir ? Même si notre état d'esprit actuel est positif et que les choses vont bien pour nous, souvenons-nous de périodes passées de dépression et de découragement. Prenons alors la détermination de nous débarrasser de ce sombre sentiment de désespoir.

Pour nous aider à développer une meilleure perspective de notre propre vie, comparons la d'abord à celle d'autres êtres qui sont encore plus mal en point que nous. Essayons d'imaginer, par exemple, ce que ce serait d'être un animal : profondément ignorant, dépourvu de potentiel permettant un développement mental et spirituel ; contrôlé par autrui ; expérimentant le cercle perpétuel de la faim, de la soif, de la chaleur et du froid, vivant toujours dans la peur de la mort.

Représentons-nous comme un mendiant dans les rues de Calcutta ou vivant dans les déserts d'Afrique, constamment dans le besoin de nourriture et d'eau sans avoir le temps de penser à n'importe quoi d'autre ; humain, mais avec à peine plus de possibilité pour se développer qu'un animal.

Imaginons que nous souffrons d'un handicap mental ou physique sérieux et du manque de liberté que cela implique. Ou bien pensons que nous vivons dans un pays opprimé politiquement et socialement, ne nous laissant que peu de liberté pour persévérer dans ce qui nous intéresse.

Il est assez facile de lire et de répéter ces mots, mais nous mettre, réellement, dans une de ces situations, c'est une autre affaire. Visualiser et penser profondément aux difficultés du mendiant, à la peur et à la paranoïa d'un animal, au désespoir de la personne dans le désert, peut être très effrayant et douloureux. Mais en comprenant la douleur atroce de chacune de ces situations, nous apprenons à nous rendre compte, à quel point nos problèmes du moment sont minuscules. Comparons nos problèmes à ceux que les autres endurent ; soyons reconnaissants pour ce que nous avons et éprouvons de la compassion pour les épreuves des autres.

Maintenant, ramenons à l'esprit toutes les bonnes qualités et avantages de notre vie. Nous sommes des êtres humains dotés d'un esprit intelligent, d'un bon cœur et d'un corps en bonne santé. Nos amis et notre famille nous soutiennent. Nous avons la chance de vivre dans un pays relativement libre, sans oppression sociale et politique. Nous avons d'innombrables occasions de persévérer dans ce qui nous intéresse sur les plans créatif, intellectuel et social ainsi que la possibilité d'aller n'importe où et de faire n'importe quoi.

Nous bénéficions d'un bon niveau de vie. Par-dessus tout, nous avons le potentiel et l'occasion -*grâce* à tous les autres avantages- d'examiner, de comprendre et de transformer notre esprit.

Pensons, à présent, que bien peu nombreuses sont les personnes ou les créatures sur la terre qui partagent cette liberté et cette chance avec nous. Après avoir bien réfléchi à cela, nous réalisons alors à quel point une vie comme la nôtre est rare et précieuse. Apprécions vraiment notre chance.

Une fois que nous avons mis en évidence les inconvénients que nous n'avons pas dans notre vie et les avantages dont nous bénéficions, nous devons décider comment utiliser au mieux ces précieuses possibilités. Pensons à toutes les perspectives qui s'offrent à nous ; travail, voyage, divertissements, études. Et ce ne sont que de simples occasions mondaines. Le plus grand bienfait que cette vie puisse apporter est la possibilité d'un développement spirituel, d'une transformation de l'esprit.

Essayons de voir les limitations d'un style de vie uniquement destiné au profit matérialiste. Pensons à quel point, la gloire, la richesse, la réputation, le plaisir des sens sont insignifiants comparés à l'objectif de l'Eveil. Pourquoi n'aspirer qu'à des réalisations temporelles alors que nous sommes capables de tellement plus ?

Contemplons tous ces points lentement et minutieusement. Regardons-les sous des angles différents. Notre capacité à contrôler notre esprit et, grâce à elle, à atteindre l'Eveil doit devenir évidente. Comment, avec un tel pouvoir, serait-il possible de nous sentir désespérés et déprimés ?

Dédions l'énergie et l'inspiration obtenues par cette méditation au bonheur ultime de tous les êtres.

3. PRENDRE CONSCIENCE DE LA MORT

Lorsque nous sommes confrontés, pour la première fois, à l'idée de méditer sur la mort, il se peut que nous soyons choqués. Peut être pensons-nous que la méditation devrait aborder des expériences agréables, alors que la mort et ce qui lui est associé -larmes de douleur, habits noirs, squelettes et cimetières-évoquent des sentiments de peur et de panique. Nous voyons la mort comme la contradiction de la vie, de la beauté et du bonheur; elle appartient au royaume de l'indicible et de l'impensable.

Mais pourquoi avons-nous des attitudes aussi irréalistes ? Pourquoi sommes-nous incapables d'accepter la mort aussi calmement que nous acceptons que se fane aujourd'hui, la fleur fraîche d'hier? Le changement, la désintégration et la mort sont des aspects naturels et inévitables de l'existence.

Le bouddhisme explique la mort comme une séparation de l'esprit et du corps, après quoi le corps se désintègre et la conscience continue dans une autre vie. Le soi conventionnel ou « je » qui dépend de l'ensemble esprit-corps actuel, s'achève avec la mort, mais une image de soi différente surgira avec la nouvelle vie. La mort n'est donc pas une cessation mais une transition, une transformation.

A la racine de notre malaise et de notre dénégation se trouve l'ignorance. Nous nous accrochons à une image de nous-mêmes comme s'il s'agissait de quelque chose de permanent, d'invariable et nous voulons qu'elle vive pour toujours. Ce souhait peut ne pas être conscient ni exprimable par des pensées ou par des mots, mais il est là de toute évidence; il justifie notre fuite instinctive, notre lutte ou notre défense lorsque notre vie est menacée.

Cela ne sous-entend pas qu'il y ait quelque chose de mal à essayer de rester en vie -la vie est, en fait, très précieuse. Mais il serait utile d'examiner la nature du « je » qui ne veut pas mourir. L'erreur n'est pas dans le souhait de prolonger la vie mais dans l'idée fondamentale de ce que nous sommes réellement. « Suis-je le corps ou une partie de cet assemblage d'os, de sang et de chair ? » « Suis-je ma conscience ? » « Suis-je quelque chose d'autre que mon corps et mon esprit ? »

La compréhension de la vacuité, ou de la non-existence d'un soi intrinsèque et permanent, nous libère de la peur de la mort et de *toutes* les peurs et opinions fausses. Néanmoins, jusqu'à ce que nous ayons réalisé cela, il est important de rester conscient de l'impermanence et de la mort.

La pratique de cette méditation a pour avantage, principalement, de nous obliger à décider quelles attitudes et activités valent véritablement la peine. La vie humaine est hautement significative grâce à toutes les occasions qu'elle nous offre pour notre progrès spirituel : elle nous permet de développer l'amour et la compassion, la clarté et la sagesse et finalement d'atteindre l'Eveil. Chacun de nous a ce potentiel.

Mais la vie est courte. La mort peut survenir à tout moment. Mourir sans avoir entrepris la seule œuvre qui ait un bienfait durable, soit pour nous-mêmes ou pour les autres, serait extrêmement regrettable. La vie actuelle et toutes ses expériences sont éphémères; s'accrocher même à un petit rien de ce monde c'est comme poursuivre un arc-en-ciel. Si nous gardons cela constamment à l'esprit, nous ne gaspillerons pas notre temps en poursuites mondaines mais l'utiliserons judicieusement, en évitant ce qui est négatif et par conséquent cause de souffrance et en cultivant ce qui est positif et donc cause de bonheur.

Notre manière de vivre affecte inévitablement notre manière de mourir. Si nous vivons en paix, nous mourrons en paix, mais si nous oublions de prendre la mort en compte et négligeons ainsi de nous y préparer, il est probable que nous mourrons avec peur et regret : ces états d'esprit ne feront qu'aggraver notre souffrance.

Quoi qu'il en soit, il n'est pas nécessaire de considérer la mort avec peur ou chagrin. Elle peut, en fait, être une expérience éclairante, mais qu'elle le soit ou non, dépend de la façon dont nous vivons chaque jour, chaque moment de notre vie. La conscience de la mort au cours de notre vie, nous aide à rester dans le présent, à voir le passé comme un rêve et les espoirs pour le futur comme des illusions. Nous serons plus stables, plus satisfaits et nous tirerons de notre vie le meilleur possible, et cela avec enthousiasme.

Il existe différentes manières de méditer sur la mort; celle expliquée ici comporte une contemplation en neuf points. Dans le corps principal de la méditation, nous contemplons l'un d'entre eux en profondeur, puis nous parcourons brièvement les autres. En faisant une session par jour, au bout de neuf jours nous aurons traité chaque point à fond et nous pourrons alors reprendre au premier.

Les neuf points sont divisés en trois parties :

- Le caractère inévitable de la mort.
- L'incertitude du moment de la mort.
- Le fait que seule notre compréhension spirituelle nous aidera au moment de la mort.

La pratique

Pour nous préparer, nous amenons notre esprit à un état calme et vigilant et nous définissons clairement notre motivation à faire cette méditation. Peut-être souhaitons-nous réciter certaines prières de la page 167 ?

Puis, avec un esprit détendu mais pleinement concentré, contemplons le sujet en utilisant une pensée analytique enrichie de nos propres expériences et compréhension, en nous appliquant à le ressentir profondément. Si, au cours de la session, nous expérimentons intuitivement et fortement le point que nous examinons, il importe de maintenir ce sentiment avec notre attention, aussi longtemps que possible.

Le caractère inévitable de la mort

1. Chacun doit mourir

Nous planifions de nombreux projets et activités pour les jours, les mois et les années à venir. Bien que la mort soit le seul événement qui puisse se produire avec certitude, elle ne fait pas partie de nos plans.

Pour engendrer une expérience du caractère inévitable de la mort, souvenons-nous des gens du passé : dirigeants, écrivains, musiciens, philosophes, saints et criminels célèbres ainsi que des personnes ordinaires. Ces gens étaient vivants à un moment donné -ils ont travaillé, pensé et écrit; ils ont aimé et se sont battus, ils ont apprécié la vie et ont souffert. Et finalement, ils sont morts.

Y a-t-il un seul être vivant qui ait échappé à la mort ? Qu'elle soit sage, riche, puissante ou connue, toute personne voit sa vie parvenir à une fin. Il en est de même pour toutes les autres créatures. Malgré les progrès de la science et de la médecine, il n'existe toujours pas de remède à la mort et personne ne pense pouvoir l'éradiquer.

Ramenons maintenant à l'esprit, toutes les personnes que nous connaissons. Passons-les en revue, l'une après l'autre, en contemplant le fait que chacune d'elles va mourir un jour.

Pensons aussi à tous les êtres humains qui vivent actuellement sur la terre : d'ici une centaine d'années, seule une poignée de ces milliards de personnes sera encore en vie. Nous-mêmes, nous seront morts. Faisons l'expérience de cette réalité avec tout notre être.

2. Notre durée de vie décroît continuellement

Même quand nous sommes assis, le temps passe. Les secondes deviennent des minutes, les minutes des heures, les heures des jours, les jours deviennent des années et nous nous rapprochons de plus en plus de la mort. Gardons notre conscience pendant un moment, sur l'expérience de ce flot ininterrompu du temps qui nous conduit à la fin de notre vie.

Si nous devions tomber d'un avion sans parachute nous serions pleinement conscients de l'approche de la mort. Imaginons que cela nous arrive réellement et examinons les sentiments et pensées qui traversent notre esprit.

La réalité de notre situation dans la vie n'est pas tellement différente : nous nous dirigeons constamment vers la mort et nous ne pouvons rien faire pour l'éviter ou la retarder.

3. Au cours de notre vie, le temps passé à développer notre esprit est très court

Puisque seul l'esprit continue après la mort, la seule chose qui ait une valeur certaine lorsque nous mourons est l'énergie positive et constructive que nous avons créée au cours de notre vie. Mais, à vrai dire, combien de temps consacrons-nous à comprendre notre esprit, à être bons envers autrui, à développer la sagesse et la compassion ?

Combien d'heures en moyenne, dormons-nous par jour ? Combien d'heures travaillons-nous ? Combien d'heures passons-nous à manger, à fréquenter des gens ? Combien de temps passons-nous à nous sentir déprimés, frustrés, irrités, à nous ennuyer, à éprouver du ressentiment, à être jaloux, paresseux ou critique ? Et en définitive, combien de temps passons-nous consciemment à essayer d'améliorer notre état d'esprit ?

Faisons ce calcul honnêtement. En évaluant concrètement notre vie, nous voyons clairement combien de temps nous consacrons à faire des choses qui produisent des résultats positifs, c'est-à-dire, le bonheur pour nous-mêmes et pour les autres.

La méditation sur ces trois premiers points nous permet de développer la détermination à utiliser notre vie judicieusement et avec attention.

L'incertitude du moment de la mort

4. La durée de la vie humaine est incertaine

Si les êtres humains mouraient à un âge spécifique, disons quatre-vingt huit ans, nous aurions assez de temps et d'espace pour nous préparer à la mort. Mais une telle certitude n'existe pas, et la mort surprend la plupart d'entre nous.

La vie peut s'arrêter n'importe quand : à la naissance, dans l'enfance, dans l'adolescence, à l'âge de vingt-deux ans, trente-cinq ans, cinquante ans ou quatre-vingt quatorze ans. Même si, en ce moment, nous sommes jeunes et en bonne santé, il n'y a aucune garantie que nous vivions plus longtemps. Nous pouvons *espérer* vivre jusqu'à l'âge de soixante-dix ou quatre-vingts ans, mais nous ne pouvons pas en être certains. Rien ne nous dit que nous ne mourrons pas un peu plus tard dans la journée.

Il est très difficile d'être convaincu que la mort peut survenir à tout moment. Nous avons tendance à croire que, puisque nous avons survécu jusqu'à ce jour, cela va continuer. Mais des milliers de personnes meurent tous les jours et peu d'entre elles s'y attendaient.

Essayons de ressentir fortement l'incertitude totale du moment de notre propre mort ; et comment il n'y a absolument aucune garantie que nous vivions longtemps.

5. Il y a de nombreuses causes à la mort

Tous les jours, nous sommes informés de différents désastres - éruptions volcaniques et tremblements de terre, incendies de forêt, violentes tempêtes et inondations, guerres, famines et terrorisme- causant la mort de milliers d'êtres humains.

Pour ceux d'entre nous qui se sentent éloignés, voire protégés de ce genre de morts violentes, il y a les causes plus ordinaires telles que l'infarctus, le cancer et d'autres maladies mortelles ; les accidents de voiture et d'avion ; les incendies, la noyade et le meurtre. Même des choses destinées à soutenir et protéger la vie peuvent causer la mort : des maisons et des hôtels s'écroulent ou brûlent ; la nourriture et les médicaments pris à mauvais escient peuvent provoquer la mort. Et puis, il y a la vieillesse : personne ne peut y échapper.

Des personnes meurent pendant leur sommeil, dans la matrice, en rentrant chez elles après leur travail, en se rendant à l'école, sur le terrain de jeux, en préparant le dîner. La mort peut survenir à tout moment, dans toute situation. Contemplons cela et constatons clairement que telle est la nature de la vie, sur cette planète, et que tout ce qui fait partie du catalogue des causes peut provoquer notre propre mort.

6. Le corps humain est si fragile

Le corps est extrêmement vulnérable ; il peut se blesser et se casser si facilement. En quelques minutes, de robuste et actif qu'il était, il peut devenir désespérément faible et plein de douleur.

En ce moment même, il se peut que nous soyons en bonne santé, énergiques et tranquilles, mais un infime virus ou une épine insignifiante peut nous vider complètement de notre force et nous entraîner dans la mort.

Réfléchissons à cela. Rappelons-nous des moments où nous avons blessé ou fait du mal à notre corps et pensons que cela peut se reproduire facilement et nous conduire même à notre mort.

Notre corps ne durera pas éternellement. Au cours de notre vie, nous pourrions arriver à éviter des maladies et des accidents, mais les années finissent par prendre le dessus, notre corps dégénère, perd sa beauté et sa vitalité et finalement s'éteint.

En méditant sur cette deuxième série de points, nous développons la détermination de commencer le travail de transformation de notre esprit dès maintenant, puisque le futur est aussi incertain.

Seule une compréhension spirituelle peut nous aider au moment de la mort

Peu importe ce que nous avons acquis ou développé tout au long de notre vie, qu'il s'agisse de parents et amis, richesse, pouvoir, expériences de voyage etc., rien de tout cela ne nous suit dans la mort. Seul notre courant de conscience continue, transportant des empreintes de tout ce que nous avons pensé, dit, fait et ressenti. Nous devrions aspirer à être en paix avec nous-mêmes au moment de la mort, contents de la manière dont nous avons mené notre vie et ne laisser aucun conflit ouvert avec les autres.

Les seules choses qui nous soient vraiment profitables au moment de la mort sont les empreintes laissées par notre développement de l'amour, de la sagesse, de la patience, de la compassion et d'autres attitudes positives. Si nous arrivons à réaliser cela maintenant, nous aurons l'énergie et la détermination pour donner un sens à notre vie.

Nous pouvons faire l'expérience d'un sentiment intense de cette réalité en contemplant les trois points suivants, en même temps que nous nous visualisons en train de mourir.

7. Nos biens et nos plaisirs ne sont d'aucun secours

Etendu sur notre lit de mort, notre corps s'affaiblissant de minute en minute, vers où nos pensées se tournent-elles ? Quand nous sommes malheureux ou malades, nous prenons d'habitude refuge dans le confort matériel, mais la nourriture, les médicaments, le sommeil, la musique, les drogues ou l'alcool peuvent-ils nous aider alors ?

Pensons à nos biens, à toutes ces choses que nous avons acquises au prix de tant d'efforts afin de satisfaire nos besoins et nos désirs : à quoi nous servent-elles désormais ?

Essayons de reconnaître à quel point nous dépendons de ces choses et souvenons-nous que nous ne pourrons en emporter aucune avec nous. Non seulement sont-elles incapables de nous aider au moment de mourir, mais notre attachement pour elles ne sera qu'un obstacle à une mort paisible.

8. Ceux que nous aimons ne peuvent nous aider

Nous chercherons de l'aide, particulièrement auprès de ceux qui nous sont chers, qui s'intéressent à nous, éprouvent de l'affection à notre égard et qui nous ont apporté tant de réconfort et de sécurité. Mais maintenant, alors que notre conscience s'éteint doucement, ils ne peuvent plus grand-chose pour nous. Nous sommes entièrement seuls dans l'expérience de la mort.

S'accrocher à ceux que l'on aime et ressentir du chagrin à la pensée de s'en séparer créera de l'agitation dans notre esprit et rendra impossible une mort paisible.

Reconnaissons l'attachement que nous avons envers notre famille et nos amis. Réalisons que ce fort attachement est tout à fait déplacé aussi bien pendant la vie qu'au moment de mourir.

9. Notre propre corps ne peut pas nous aider

Depuis la naissance, notre corps a été un compagnon fidèle. Nous le connaissons plus intimement que quoi que ce soit d'autre. Nous en avons pris soin et l'avons protégé, nous nous en sommes inquiétés ; nous l'avons maintenu en bonne santé et dans le confort ; nous l'avons nourri et nettoyé ; et grâce à lui, nous avons expérimenté maints plaisirs et des souffrances de toutes sortes. Ce fut le plus précieux de nos biens.

Mais maintenant, nous agonisons et cela signifie que nous allons en être séparés. Il s'affaiblira jusqu'à devenir tout à fait inutile : nous le quitterons et il finira au cimetière. Quel bien peut-il donc nous faire désormais ?

Contemplons le sentiment de dépendance et d'attachement intense que nous avons envers notre corps et examinons à quel point il ne peut nous être d'aucun profit au moment de la mort. La peur de la douleur et le regret de le quitter aggraveront seulement notre souffrance.

En méditant sur ces trois derniers points nous développerons la détermination de veiller à ce que notre vie et notre pratique de la transformation de l'esprit soient libres de l'attachement aux êtres et aux biens.

Cette méditation peut provoquer un sentiment d'accablement ou d'inquiétude. D'une certaine manière, cela montre que nous avons pris ces idées au sérieux et que nous les avons bien contemplées, mais cela prouve aussi que nous en avons tiré une mauvaise conclusion ; ce ne serait pas sage de terminer notre session dans un tel état d'esprit. N'oublions pas que la mort n'est qu'un aspect naturel et inévitable de la vie et que c'est notre incapacité à l'accepter ainsi qui nous bouleverse.

La peur et le regret surgissent à cause de l'attachement irréaliste à un soi permanent. Si nous gardons la mort à l'esprit d'une manière détendue et ouverte, cet attachement s'atténuera, nous permettant d'être attentifs et chaque action deviendra alors positive et profitable, pour nous-mêmes et pour les autres. Une prise de conscience de la mort nous procure énormément d'énergie pour vivre notre vie aussi efficacement que possible et ne pas la gaspiller.

Nous terminons la méditation sur la pensée optimiste que nous avons toute possibilité de donner un sens à notre vie, de la rendre positive et qu'ainsi nous pourrons mourir l'esprit en paix.

4. MÉDITATION SUR L'IMPERMANENCE

Tout dans ce monde matériel est impermanent, en perpétuel changement. Certains changements sont évidents : les personnes grandissent, vieillissent et meurent ; les bâtiments et ponts s'usent et s'écroulent. L'environnement subit une transformation totale d'une saison à la suivante ; les fleurs flétrissent, les peintures se craquellent et s'écaillent, les voitures tombent en panne.

L'origine de cette transformation externe peut être retrouvée jusque dans la cellule et la composition moléculaire de la matière, où pourtant le changement est moins évident. A ce niveau invisible, d'infimes particules entrent ou sortent constamment de l'existence, se rassemblent et se dispersent, s'étendent et se contractent, perpétuellement en mouvement, toujours en fluctuation.

De même, notre monde conscient change sans cesse. Nous sommes parfois heureux et parfois déprimés, parfois nous nous sentons pleins d'amour et d'autres fois pleins de colère. Tour à tour, des souvenirs d'événements et de conversations, des pensées du futur, des idées diverses de ceci et cela envahissent notre esprit. Quelques instants de regard intérieur nous montreront avec quelle rapidité l'esprit change : il est semblable à une gare aux heures de pointe ! Sans arrêt, des flots de pensées, de sentiments et de perceptions passent comme un éclair, dans toutes les directions.

Ce changement perpétuel est la réalité des choses, mais il nous est très difficile de l'accepter. Intellectuellement, il n'y a pas de problème ; mais une acceptation réelle de l'impermanence imprègne rarement, sinon jamais, notre comportement et notre expérience quotidienne. Instinctivement, nous nous accrochons aux personnes et aux choses comme si elles étaient permanentes et immuables. Nous ne voulons pas qu'une personne agréable ou un bel objet, change et croyons fermement que la personne qui nous irrite ne sera jamais différente.

Nous nous cramponnons d'une manière particulièrement forte à l'idée que nous avons de notre propre personnalité : « je suis une personne dépressive », « je suis une personne colérique », « je ne suis pas très intelligent ». Nous pourrions, bien sûr, être ceci ou cela, mais ce n'est pas un portrait complet et il n'en sera pas toujours ainsi ; cela changera.

En ne reconnaissant pas l'impermanence, nous rencontrons frustration, irritation, chagrin, solitude et d'innombrables autres problèmes. Nous pouvons éviter de les expérimenter en nous familiarisant avec la nature transitoire des choses, en admettant leur état de fluctuation constante. Graduellement nous apprendrons à nous attendre au changement et à l'accepter comme la nature même de la vie.

Nous comprendrons non seulement que le changement arrive tout simplement, mais aussi que nous pouvons provoquer des changements. Nous avons le pouvoir d'évoluer, de développer et de transformer notre esprit et notre vie.

La pratique

Asseyons-nous confortablement et détendons-nous entièrement. Prenons du temps pour calmer et concentrer nos pensées en observant attentivement notre souffle.

Prenons conscience de notre corps. Pensons à ses nombreuses et différentes parties -les bras, les jambes, la tête, la peau, le sang, les os, les nerfs et les muscles. Examinons-les, une par une en les explorant avec nos sensations. Contemplons la nature de ces choses : leur substance, leur texture, leur forme et leur taille. Soyons sensibles au travail du corps, au mouvement qui s'opère à chaque instant : au va-et-vient de notre respiration, aux battements de notre cœur, à la circulation de notre sang et à l'énergie de nos impulsions nerveuses.

Soyons conscients de notre corps au niveau même le plus subtil de sa structure cellulaire, du fait qu'il est composé intégralement de cellules vivantes mobiles qui se reproduisent, meurent et se désintègrent.

Orientons maintenant notre attention vers notre esprit. Lui aussi, il est composé d'innombrables parties : pensées, perceptions, sentiments se suivant les uns les autres, continuellement. Observons simplement ce flot d'expériences mentales en perpétuel changement.

Après avoir ainsi contemplé notre monde physique intérieur, dirigeons-nous alors vers le monde extérieur. Elargissons lentement notre conscience pour inclure notre environnement immédiat : représentons-nous le siège sur lequel nous sommes assis, les murs et le plafond de la pièce, l'espace autour de nous et les objets qui le remplissent. Considérons que chacun d'eux, bien qu'en apparence solide et statique, correspond, en fait, à une multitude de particules infimes filant à toute allure, dans tous les sens. Demeurons dans cette expérience pour un moment.

Puis, continuons à élargir cette conscience de l'impermanence subtile en y intégrant la maison ou le bâtiment dans lequel nous nous trouvons, les arbres, les rues, les gens et les animaux, les voitures, les villes et les montagnes -allons aussi loin que nous le voulons. Rappelons-nous que chaque être ou objet touché par nos pensées, à un niveau très subtil, change en ce moment même. Rien ne demeure identique d'un instant à l'autre. Concentrons-nous sur cette expérience.

Pendant la méditation, chaque fois que nous éprouvons un sentiment fort et clair de la nature des choses en perpétuel changement, maintenons-y fermement notre attention, aussi longtemps que possible (en d'autres mots, faisons une méditation stabilisatrice). Laissons notre esprit s'imprégner de l'expérience. Lorsque le sentiment s'affaiblit ou que notre attention commence à errer, analysons de nouveau l'impermanence soit de notre corps ou de notre esprit, soit d'un autre objet.

Concluons la méditation en pensant que le fait de s'accrocher aux choses comme si elles étaient permanentes, est irréaliste et va à l'encontre du but recherché. Tout ce qui est beau et plaisant changera et finalement disparaîtra, nous ne pouvons donc pas nous attendre à en obtenir un bonheur durable. De la même façon, tout ce qui est désagréable ou perturbant ne durera pas éternellement - il se peut même que cela change pour le mieux ! Pourquoi alors être agacé ou le rejeter ?

Dédions notre énergie positive et notre compréhension pour le bonheur de tous les êtres.

5. MÉDITATION SUR LA SOUFFRANCE

La question de la souffrance a toujours embarrassé les philosophes et les théologiens, que dire alors de nous autres, êtres humains ordinaires, qui souffrons ! Pourquoi y-a-t-il tant de conflits dans le monde ? Pourquoi tant de famine, de maladie, d'inégalité et d'injustice ? Quelles sont les causes de la souffrance ? La vue bouddhique peut être résumée par ce que l'on appelle les quatre nobles vérités.

Premièrement, *la souffrance existe.* Chaque être existant souffre dans une certaine mesure, d'une manière plus ou moins intense.

Deuxièmement, *la souffrance a toujours une cause.* Les causes principales de la souffrance, de tout ce que nous expérimentons, sont inévitablement les actions antérieures de notre corps, de notre parole et de notre esprit.

Troisièmement, *il y a une fin à la souffrance.* Nous avons tous le potentiel de parvenir à un état de clarté et de compassion parfaites. Alors, nous n'expérimenterons plus les résultats de la souffrance passée et nous ne créerons plus les causes d'une souffrance future.

Quatrièmement, *il existe un moyen de mettre un terme à la souffrance.* Pour faire cesser la souffrance, nous devons abandonner graduellement ses causes -la colère, l'égoïsme, l'attachement et d'autres états d'esprit négatifs- et cultiver les causes du bonheur -la patience, l'amour, le non-attachement, la générosité et d'autres états d'esprit positifs. Et finalement, en développant la compréhension de la nature véritable de toutes les choses, nous pouvons couper la racine même de toute souffrance.

Le mot « souffrance » se réfère à tous les niveaux d'expériences physiques et psychologiques. Il existe de nombreuses manières de méditer sur la souffrance et toutes ont comme objectif de faire naître un sentiment intime de son envergure, c'est-à-dire : comment, à des degrés divers, elle s'infiltre dans notre propre vie et dans la vie de tous les autres êtres.

Le but de développer cette conscience n'est pas d'accroître notre souffrance. Au contraire, une méditation réussie sur la souffrance nous amène à une vision plus réaliste de la vie. Nous constaterons progressivement qu'il est souhaitable et possible, de démêler les aspects complexes de notre esprit et de développer le contrôle sur nos pensées et nos actions.

Habituellement notre vision de la vie n'est pas réaliste. La plupart de nos expériences plaisantes dépendent d'objets et de situations extérieures, dont la nature même est éphémère. Lorsque ces choses changent ou disparaissent, nous nous y accrochons, sans vouloir accepter la réalité de la situation. Nous *voulons* que le plaisir dure et nous sommes déçus lorsqu'il ne dure pas. Et ainsi, toute notre vie, nous passons par des hauts et des bas, du plaisir à la douleur et du bonheur au malheur.

Avoir conscience de cette réalité est une étape vers l'élimination de la souffrance. Nous n'attendrons plus des gens et des choses qu'ils nous rendent heureux ; au contraire, nous verrons que notre attitude à leur égard détermine le bonheur et la satisfaction. Ironiquement, quand nous cessons de nous accrocher de façon irréaliste aux choses, nous ne les apprécions que davantage !

Un autre bienfait majeur de cette méditation est de pouvoir nous rendre compte de la même souffrance chez les autres êtres, et de développer alors inévitablement davantage de bienveillance et de compassion à leur égard.

Mais l'intérêt principal de reconnaître la souffrance de notre vie est de développer l'intention ferme de faire ce qu'il faut pour finalement nous en libérer. Toutes les expériences malheureuses ou douloureuses sont enracinées dans l'ignorance qui croit que tout existe de façon intrinsèque, en et par soi-même. Voir la vacuité, l'absence de ce mode d'existence, met fin à toute la confusion et aux problèmes.

Ce n'est pas simple d'acquérir cette compréhension. Cela demande une énorme énergie, de concentrer l'esprit sur la nature des choses, de couper court à la perception habituelle que nous en avons et de parvenir à leur réalité ultime pure. Le carburant qui nous pousse à cette tâche, c'est le désir de nous libérer, nous-mêmes, et de libérer autrui de toute souffrance.

La pratique

Asseyons-nous confortablement et détendons-nous. Examinons notre motivation pour cette méditation.

Il y a trois aspects de la souffrance à contempler. Parcourons chacun d'eux aussi lentement que nous le désirons. Il ne s'agit pas simplement de faire un inventaire mental des différents points mais d'intégrer nos émotions et notre intuition dans la méditation ; *ressentons* vraiment chaque exemple de souffrance comme si nous l'expérimentions à l'instant.

1. La souffrance de la souffrance

Elle inclut toutes les formes évidentes de souffrance, physique et mentale.

Pensons, tout d'abord, à tous les problèmes quotidiens, habituels dont notre corps fait l'expérience : les maux et les douleurs, le chaud et le froid, la faim et la soif, la mauvaise vue, le mal aux oreilles, les coupures et les brûlures, l'obésité, la tension musculaire, la fatigue... la liste est sans fin. Rappelons-nous ces expériences et à quel point nous restons rarement sans l'une d'elles.

Pensons, maintenant, à la souffrance physique la plus intense que nous avons expérimentée dans le passé et considérons la possibilité qu'elle se reproduise à nouveau ; il n'y a aucune garantie qu'il n'en soit pas ainsi.

Envisageons la souffrance physique que nous allons connaître quand nous serons vieux. Représentons-nous à l'âge de quatre-vingts ou quatre-vingt-dix ans, avec notre corps dégénéré, ridé et ne fonctionnant plus correctement. Finalement, arrive la mort. Songeons aux différentes manières de mourir et à la souffrance du corps à ce moment-là.

Contemplons le fait que, tout comme pour toute chose matérielle, la nature du corps est de changer, de faire face à la douleur, de dégénérer et en fin de compte de mourir. C'est pourquoi il n'est ni réaliste ni sage d'y être attaché.

Prenons conscience maintenant de notre souffrance mentale et émotionnelle. Souvenons-nous de nos expériences passées de solitude, de dépression, de chagrin, de frustration, de jalousie, de colère, de peur, de confusion, d'anxiété. En remontant le cours de notre vie, nous constatons qu'il n'y a pratiquement pas eu de moment où nous n'avons pas éprouvé au moins quelques-unes de ces émotions. Faisons-les revivre.

Puis observons notre état d'esprit actuel. Sommes-nous anxieux ? déprimés ? en colère ? confus ? agités ? Essayons de ressentir la souffrance mentale qui risque de se présenter dans le futur lorsque l'un de nos proches décédera ou nous quittera, lorsque nous mourrons ou lorsque, dans notre vie, surviendra la myriade d'autres événements susceptibles de causer du chagrin d'une manière ou d'une autre.

Elargissons le champ de nos pensées pour y inclure les expériences des autres. En ce moment même tous les êtres qui existent, simplement parce qu'ils ont un esprit confus et un corps périssable, ressentent une certaine forme de douleur mentale ou physique, de l'inconfort le plus léger à la souffrance la plus intense.

Nous commençons par les personnes que nous connaissons, nos amis, nos parents et nos voisins. Certains sont malades, d'autres âgés ; d'autres encore sont déprimés, anxieux, insatisfaits, se sentent seuls. Puis nous pensons aux personnes que nous ne connaissons pas, qui sont affligées par la guerre, la misère, le chômage, le racisme, la maladie, l'oppression politique.

Nous partageons aussi ce monde avec des animaux et d'autres créatures. Contemplons leurs souffrances quotidiennes : la faim, la douleur, le froid, le manque de liberté, la peur d'être tué.

Prenons alors conscience que tous ces innombrables êtres vivants possèdent un courant de conscience qui n'est pas tellement différent du nôtre : nous réagissons tous avec joie à la bonté et à la beauté, avec peur à la douleur et au mal et avec colère contre tout ce qui menace notre paix et celle de ceux qui nous sont chers. Tous, nous essayons d'être heureux et d'éviter les problèmes, mais aussi longtemps que nous n'aurons pas réalisé l'Eveil, nous rencontrerons des situations de souffrance, les unes après les autres.

2. La souffrance du changement

Ce niveau plus subtil de souffrance nous renvoie à ce que nous considérons habituellement comme des expériences de plaisir. Elles sont appelées « souffrance » parce qu'elles ne durent pas. Toute expérience agréable s'achève sans nous satisfaire pleinement et de ce fait nous sommes plutôt enclins à la répéter en espérant qu'elle nous apportera la satisfaction que nous en attendons.

Pensons à n'importe laquelle de nos expériences très agréables ; cela est vrai pour toutes. Un bon repas, une relation sexuelle, une journée à la plage, le ski, la musique, un film, une cigarette, un magnifique coucher de soleil. Même si nous sommes assis confortablement sur une chaise : il nous faudra à la longue changer de position parce que le confort très vite devient un inconfort. Ou si nous sommes assis près d'un feu lorsqu'il fait froid : au début, c'est un réel plaisir mais rapidement nous devons nous en éloigner parce qu'il fait trop chaud.

Examinons minutieusement notre vie et voyons s'il en est ainsi ou non. Rappelons-nous certaines expériences agréables : ont-elles duré ? Nous ont-elles vraiment satisfaits ? Si le plaisir est du véritable plaisir, pourquoi ne continue-t-il pas indéfiniment ? Est-il possible d'imaginer un quelconque bonheur durable et immuable dans notre vie ou dans celle d'autrui ?

Contemplons à quel point tout change; les expériences, aussi plaisantes soient elles, ne durent pas mais aboutissent inévitablement à l'insatisfaction, à l'irritation, à l'ennui et à la solitude.

C'est la nature même de toutes les choses de changer et de finalement disparaître. Même une relation merveilleuse a ses hauts et ses bas et prendra fin avec la mort. Les personnes très belles vieillissent, grisonnent et finissent par s'éteindre. Le pouvoir ne dure pas et la richesse s'épuise. Les fleurs se fanent, les couchers de soleil disparaissent, les fêtes se terminent.

Concluons cette partie de la méditation en décidant fermement qu'il n'est pas raisonnable de s'accrocher aux personnes ou aux objets, quels qu'ils soient, pour y trouver une satisfaction durable et qu'en fait cela n'amène qu'un résultat diamétralement opposé.

3. La souffrance inhérente à la condition humaine

Nous faisons face ici à quelque chose de plus subtil encore que la souffrance du changement. Cela nous ramène à notre existence même d'êtres ordinaires, qui n'ont pas atteint l'Eveil. Parce que nous n'avons pas une compréhension directe, intuitive de la nature véritable des choses, nous sommes piégés : d'une part, à chaque instant, nous expérimentons les effets des causes précédentes et d'autre part nous créons, à tout moment, les causes de résultats futurs. Cet instant même de l'existence est simultanément l'effet d'une souffrance passée et la cause d'une souffrance future.

Le fait d'être coincés dans ce cycle, cet enchevêtrement complexe de problèmes, est en lui-même une souffrance omniprésente. Laissons notre esprit s'imprégner de cette idée. Ressentons intensément ce dilemme qui se perpétue et qui est notre existence.

Puis considérons avec attention que d'innombrables êtres vivants, tout comme nous, sont prisonniers dans ce cycle apparemment sans fin.

Mais ne paniquons pas. La situation n'est pas désespérée ! Il existe un moyen de nous en sortir. Puisque notre vue erronée de la façon dont les choses existent est la cause de la souffrance, il existe forcément une cause à la cessation de cette souffrance, un antidote. Développer la compréhension juste de la nature de la réalité et couper court ainsi à notre confusion et à notre habitude de suivre les fantaisies de l'ego, est le remède ultime.

En attendant, nous pouvons utiliser notre vie et notre énergie de manière positive, par exemple, en aidant les autres avec amour et générosité et en contrecarrant les attitudes nuisibles dans notre esprit dès qu'elles surgissent. A mesure que notre compréhension de la réalité se développe, nous nous détachons aussi des choses ordinaires, transitoires et cet enchevêtrement de confusion progressivement se dénoue. Finalement cette compréhension devient une perception intuitive directe de la vacuité qui élimine, une fois pour toutes, la racine même de la souffrance

Tirons des conclusions de tout ce que nous avons pu comprendre pendant cette méditation. Il est assez difficile de reconnaître la nature douloureuse et insatisfaisante de la vie, mais c'est le seul moyen d'en sortir. Tant que nous n'arrêterons pas de fuir la réalité de la souffrance et tant que nous n'apprendrons pas à gérer honnêtement les aspects bruts et indomptés de notre esprit, nous continuerons à tourner en rond dans la confusion. La prise de conscience de la souffrance nous procure l'énergie nécessaire pour pénétrer la nature de la réalité.

Concluons notre session de manière optimiste, par la détermination d'utiliser notre vie habilement et de faire ce que nous pouvons pour vaincre la souffrance.

Dédions toutes nos bonnes intentions et notre énergie positive au développement intérieur de notre compréhension et de celle de tous les êtres.

Application pratique

Dans notre vie de tous les jours, nous avons suffisamment d'occasions pour nous familiariser avec les idées présentées dans cette méditation. Chaque jour nous expérimentons une multitude de difficultés : la faim, la fatigue, les chagrins et les douleurs, l'irritation, l'ennui, la frustration. Notre réaction habituelle est de nous en débarrasser ou de contourner ces problèmes aussi rapidement que possible. Avant de prendre un calmant, d'allumer la télévision, de regarder ce qu'il y a dans le réfrigérateur ou d'aller retrouver un ami, il est judicieux de s'arrêter quelques minutes pour simplement *faire l'expérience* de la douleur : « Voilà, *c'est cela* la souffrance » !

Habituellement nous évitons de nous confronter à la douleur et de la gérer; aussi est-il difficile, dans la méditation, de porter un regard honnête et juste sur la réalité de la souffrance. Il nous faut donc apprendre à utiliser nos expériences concrètes, lorsqu'elles se présentent, pour approfondir notre compréhension du sujet.

Cela ne veut pas dire que nous devons considérer la vie comme une grande tragédie ou être toujours malheureux et tendus. Il est possible d'être conscient de la souffrance tout en gardant un sens de l'humour. Le bonheur et la souffrance sont, tous les deux, des expériences impermanentes, transitoires. Nous ne devons pas donner plus de valeur à l'une qu'à l'autre, mais reconnaître leur nature changeante.

Aussi, lorsque nous constatons que nous nous accrochons à une personne nouvelle dans notre vie de manière irréaliste, nous devrions nous rappeler que le bonheur que nous expérimentons est transitoire et que de toutes manières, il ne peut pas éliminer tous nos problèmes. Grâce à cette attitude plus réaliste et moins exagérée, nous jouirons probablement, d'autant plus, de l'expérience !

Lorsque nous rencontrons un problème physique ou psychologique, nous devrions penser : « C'est transitoire, à un moment donné il disparaîtra. Néanmoins, les difficultés et la souffrance continueront de se produire jusqu'à ce que je travaille sur mon esprit et élimine toutes les causes de la souffrance. » En agissant ainsi, le problème peut devenir un enseignement.

Quand des gens autour de nous souffrent, nous devons être sensibles et compatissants et les aider au mieux de nos capacités. Mais nous ne devons pas trop nous impliquer, au point de faire de leur problème le nôtre et d'en développer tension et inquiétude. Nous pouvons éviter cela en nous rappelant que la cause et la solution à tout problème se trouvent dans l'esprit de la personne qui en fait l'expérience. C'est à elle de trouver le moyen de s'en sortir. Tant que nous restons bons et chaleureux et faisons du mieux possible pour apaiser la douleur des autres, nous ne devons pas nous sentir coupables ou pas à la hauteur et penser que nous devrions en faire davantage.

6. Méditation sur l'Équanimité

L'objectif de la pratique du Mahayana est d'atteindre un état de parfaite complétude, l'Eveil, afin d'aider les autres à le réaliser également. L'aspiration à mettre cela en œuvre est appelée « l'esprit d'Eveil » (*Skt. Bodhicitta*). C'est l'expérience de l'ouverture de notre cœur à tous les êtres, permettant à l'amour et à la compassion de se répandre sur tout et chacun, sans limite aucune. Une personne qui possède Bodhicitta ressent vraiment la responsabilité de soulager la souffrance de tous les êtres vivants et de les conduire au bonheur.

Nous pouvons commencer à cultiver l'esprit d'Eveil maintenant, dans notre vie quotidienne, en étant bons et ouverts aux êtres que nous rencontrons, c'est-à-dire patients avec eux et conscients de leurs besoins. Il est cependant facile de nous leurrer, de jouer le rôle d'une personne accueillante et amicale tout en cachant des sentiments d'irritation et d'intolérance. Il est donc important d'être en contact avec ce que nous ressentons tout en nous efforçant également de nous ouvrir aux autres, ce qui est réalisé d'une manière effective au cours de la concentration de la méditation.

Nous avons généralement tendance à faire des distinctions : soit nous aimons les êtres que nous rencontrons, soit nous les détestons, soit nous sommes indifférents. La plupart de ces réactions sont égocentriques et elles ne sont fondées que sur notre manière de voir les personnes comme agréables, désagréables ou inintéressantes.

A l'origine de cette discrimination, se trouve notre incompréhension instinctive de la façon dont les choses existent, particulièrement notre propre « je ». Ce problème a toujours fait partie de nous et nous bâtissons minutieusement dessus pendant toute notre vie, en pensant et en croyant : « je suis ainsi et je le serai toujours, ceci est bien pour moi et cela me déprime. »

Notre croyance à ce « je » fait surgir le désir de le protéger et de le nourrir. Tout ce que nous faisons, l'est pour le bien de ce « je ». Il a des besoins à satisfaire; il doit trouver le bonheur et éviter la souffrance. Le « je » aime une personne parce qu'elle le rend heureux, il en déteste une autre parce qu'elle lui fait du mal. Tout est perçu en fonction des besoins de ce « je ».

Notre méprise fondamentale du « je » rend notre perception erronée. Si nous analysons et recherchons un « soi » permanent, fixe qui semble exister, nous sommes incapables de le trouver; c'est une illusion. Il y a seulement un courant fluctuant de l'esprit et du corps traversant la vie, expérimentant la joie, les problèmes, l'amour, la frustration. Nous rencontrons des gens, nous avons avec eux des interactions de courte durée, positives ou négatives, puis nous nous en séparons. Rien ne dure, rien n'est stable.

Plus nous nous cramponnons à ce « je » irréel et essayons de satisfaire ses demandes, plus nous nous enfonçons dans les difficultés et la confusion. Notre classification des êtres humains en « amis », « ennemis » et « étrangers » en est probablement le meilleur exemple.

Nous estimons que la personne que nous aimons possède des qualités intrinsèquement bonnes et que la personne que nous détestons est intrinsèquement mauvaise. Nous nous comportons comme si ces qualités étaient permanentes et immuables; nous croyons que nous serons toujours proches de la personne désignée comme « amie » et que nous ne serons jamais proches de la personne que nous n'aimons pas. Il nous est difficile d'imaginer qu'un inconnu dans la rue puisse un jour devenir un ami.

Mais ces suppositions sont erronées, comme nous le montre notre propre expérience. Les relations peuvent changer et changent. Il nous est devenu impossible de communiquer avec des êtres qui nous ont été très proches à un moment donné, alors que d'autres qui nous rebutaient sont devenus des amis chers.

Les êtres changent, nos pensées et nos sentiments changent, les situations changent. Les changements qui font d'un ami un ennemi peuvent se produire d'une minute à l'autre, d'une année à l'autre, d'une vie à l'autre. Les raisons que nous avons pour considérer quelqu'un comme ami, ennemi ou étranger ne sont pas solides et irréfutables. Mais lorsque nous nous y accrochons comme si elles l'étaient, nous ne voyons plus les choses telles qu'elles sont véritablement et quand les changements se produisent, nous ne savons pas y faire face.

La pratique

Asseyons-nous confortablement et engendrons une intention ferme de faire cette méditation afin de développer l'équanimité parfaite. Peut-être souhaiterons-nous réciter quelques-unes des prières page 167.

Imaginons trois personnes dans l'espace, en face de nous : quelqu'un que nous aimons, quelqu'un que nous n'aimons pas et quelqu'un qui nous est indifférent. Pendant toute la méditation, gardons à l'esprit les images de cet ami, de l'ennemi et de l'étranger.

Concentrons-nous d'abord sur notre ami. Laissons nos sentiments à son égard se manifester. Nous sommes convaincus que cette personne est vraiment un ami, c'est-à-dire, une personne qui est bonne envers nous et capable de satisfaire nos désirs. Ressentons à quel point nous aimerions vraiment que cette personne soit heureuse. Absorbons-nous dans nos bons sentiments.

Nous nous tournons ensuite vers notre ennemi, la personne que nous n'aimons pas, qui n'est pas bonne envers nous, qui ne satisfait pas nos désirs ; elle nous contrarie et nous met en colère ; elle nous fait du mal. Observons attentivement cet homme ou cette femme et identifions soigneusement nos sentiments.

Enfin, tournons-nous vers celui appelé l'étranger, cette personne que nous connaissons un peu mais que nous n'aimons ni ne détestons. Observons cette personne avec attention et constatons notre sentiment d'indifférence.

Reconnaissons, à présent, que notre relation avec ces trois personnes est uniquement fondée sur ce qu'elles font ou ne font pas pour nous, à ce moment-là. Est-ce une base valable ? Comme la vue bouddhique l'explique, notre esprit est sans commencement ; par conséquent, chacun a été notre ami, notre ennemi et l'étranger d'innombrables fois antérieurement. Ne serait-il donc pas logique d'être aimable maintenant envers nos ennemis qui ont été auparavant des amis ?

Revenons à notre ami et imaginons une situation qui mettrait un terme à la relation. Imaginons que notre ami se retourne contre nous : ressentons la rancœur et la douleur et constatons à quel point nous n'éprouvons plus d'affection pour lui, ne lui souhaitons plus de bien. Où est notre ami à présent ?

Rappelons-nous que cette personne n'était pas notre ami avant de la rencontrer et elle pourrait très facilement cesser maintenant d'être un ami comme nous l'avons visualisé.

Nous réalisons qu'il n'y a pas de raison valable pour éprouver de la bienveillance et de l'amour uniquement à l'égard de l'ami du moment. Les relations ont changé dans le passé et continueront à changer. L'ami d'aujourd'hui peut devenir l'ennemi de demain.

Considérons maintenant l'ennemi actuel. Imaginons une situation qui nous réunirait : un intérêt commun, un compliment ou une parole aimable. Observons attentivement la personne ainsi que nos sentiments : nous attendrissons-nous ? Nous pouvons apprendre à être chaleureux envers un ennemi. Cela est arrivé dans le passé et se reproduira encore. Pourquoi nous en tenir si fermement à la conception qu'il s'agit irrémédiablement d'un « ennemi » ?

Et qu'en est-il de l'étranger ? Imaginons à quel point un acte de bonté ou de colère de sa part pourrait immédiatement le transformer en ami ou en ennemi. Il n'y a pas là d'étranger existant de manière intrinsèque et définie et pas de raison valable à notre sentiment d'indifférence. Souvenons-nous que notre ami et notre ennemi actuels étaient des étrangers pour nous auparavant ; cet étranger pourrait donc devenir aujourd'hui un ami ou un ennemi.

Gardons ces trois personnes clairement devant nous. Pensons à la fragilité de l'impermanence de ces relations. Seule notre croyance erronée dans leur stabilité dissuade notre esprit de la possibilité d'un changement.

Notre ami, notre ennemi et celui qui nous est étranger désirent tous le bonheur autant que nous ; à cet égard, nous sommes tous égaux. Cette égalité se retrouve aussi dans le potentiel qu'à chacun de développer complètement son esprit et de parvenir à la clarté et à la compassion ultimes. Les différences que nous voyons dans les êtres sont superficielles ; elles sont basées sur notre point de vue égocentrique erroné et étroit. En fait tout le monde mérite, de façon égale, notre attention et notre compassion.

Rien en cela ne signifie que nous ne devrions pas faire de discrimination ; c'est nécessaire à un niveau pratique. Tout naturellement, nous nous sentons proches de certaines personnes et nous gardons prudemment nos distances avec d'autres. Ce n'est pas une contradiction. Le propos de la méditation est de développer le même intérêt et la même considération pour chacun, qu'il nous aide ou nous nuise à ce moment-là ; et de nous rendre compte que notre distinction actuelle est basée sur des étiquettes arbitraires, fausses et très variables.

Finalement, nous dédions notre énergie positive et notre compréhension au bien-être et au bonheur de tous.

7. Méditation sur l'Amour

L'amour c'est vouloir que les autres soient heureux. C'est une qualité naturelle de l'esprit, mais jusqu'à ce que nous la développions par la méditation et d'autres pratiques, elle reste limitée, réservée à quelques individus choisis. L'amour authentique a une portée universelle, il s'étend à tous, sans exception.

Même si, en principe, nous sommes d'accord avec cette idée, nous la trouvons probablement difficile à réaliser. Ressentons-nous spontanément de l'amour pour tous les gens dans la rue, et au supermarché ? Avons-nous de l'amour pour les politiciens que nous n'apprécions pas, pour les racistes et les parents qui battent leurs enfants ? Si la réponse est négative, nous avons du travail à faire !

Nous devons commencer par l'attention : observer nos réactions face aux personnes que nous rencontrons, surveiller nos sentiments d'attraction, d'aversion et d'indifférence. Aussi longtemps que nous continuons à faire une distinction entre ceux que nous aimons, ceux que nous détestons et ceux qui nous indiffèrent, nous ne pourrons même pas faire le premier pas.

Pour contrecarrer cette discrimination erronée, nous pouvons pratiquer la méditation sur l'équanimité (p. 99) et les méthodes pour gérer l'attachement et la colère (p. 109). Ce qui suit constitue un bon complément à ces dernières; cette méditation nous aide à capter notre ressource naturelle d'amour et à la canaliser vers tous les êtres vivants. Si nous la pratiquons avec concentration et sincérité, en entrant réellement en relation avec notre cœur, nous nous apercevrons qu'il est possible de vouloir vraiment le bonheur des autres sans nous soucier de l'affinité qu'ils ont avec nous.

La pratique

Asseyons-nous confortablement. Détendons notre corps et notre esprit et laissons s'apaiser toutes les pensées et les soucis. Observons attentivement notre souffle jusqu'à ce que nous soyons calmes et que notre conscience soit concentrée sur l'instant présent.

Commençons par imaginer tous les êtres vivants autour de nous : notre mère se trouve à notre gauche, notre père à notre droite et les autres membres de la famille et amis derrière nous. Visualisons en face de nous ceux que nous n'aimons pas ou qui nous ont fait du mal. Et s'étendant dans toutes les directions, jusqu'à l'horizon, se trouvent tous les autres êtres. Pensons qu'ils y sont, tous sous la forme humaine, assis tranquillement comme nous. Restons détendus -ne nous sentons pas saturés ou tendus, mais imaginons qu'un sentiment d'harmonie et de paix nous pénètre tous.

Imaginons comme ce serait merveilleux, pour nous-mêmes et pour les autres, si nous pouvions aimer tous ces êtres. Chacun d'eux veut être heureux et éviter la souffrance, tout comme nous-mêmes. Tous essaient de tirer le meilleur parti de leur vie, même ceux qui sont colériques ou violents.

Engendrons maintenant un sentiment d'amour dans notre cœur. Nous pouvons penser, par exemple, à quelqu'un que nous aimons et laisser se manifester nos sentiments de bonté naturelle pour cette personne. Peut-être préférerons-nous imaginer que notre amour est semblable à une lumière brillante, chaude, non pas physique mais une énergie positive et pure, rayonnant dans notre cœur.

Avant de pouvoir vraiment aimer les autres, nous devons nous aimer nous-mêmes. Nous aimer signifie nous accepter tel que nous sommes, avec nos défauts actuels et nos imperfections et reconnaître que nous avons le potentiel de nous libérer nous-mêmes de tous nos problèmes. Souhaitons-nous donc vraiment tout le bonheur et le bien possibles. Imaginons que cette énergie chaleureuse dans notre cœur se propage jusqu'à ce qu'elle remplisse entièrement notre corps et notre esprit.

Laissons maintenant notre amour se répandre sur les autres. Commençons par notre famille et amis intimes assis près de nous. Imaginons que l'énergie lumineuse, chaleureuse irradiant de notre corps, les touche et remplit leur corps et leur esprit. Pensons et ressentons sincèrement : « Puissiez-vous être heureux ; puissent toutes vos pensées être positives et toutes vos expériences être bonnes. Puissiez-vous être affranchis des problèmes, de la maladie et de la tristesse. Puisse votre vie être longue et paisible, et puissiez-vous rapidement atteindre l'Eveil. »

Puis nous tournons notre attention vers les personnes en face de nous, celles avec lesquelles nous avons des difficultés. Elles aussi, ont besoin de notre amour et le méritent. Imaginons notre énergie positive, chaleureuse s'écoulant de notre cœur vers ces personnes. Souhaitons-leur d'être libérées de la confusion, de la colère et de l'égocentrisme qui les poussent à agir ainsi. Faisons vraiment pour elles le vœu qu'elles trouvent la paix de l'esprit, le bonheur et finalement l'Eveil. Déversons notre amour sur toutes ces personnes.

Continuons à envoyer nos sentiments positifs et chaleureux à toutes les autres personnes autour de nous. L'amour est une source infinie de bonne énergie ; ne nous inquiétons pas, elle ne tarira pas ! Ouvrons complètement notre cœur et imaginons que notre amour se répand dans toutes les directions, et touche tous les êtres qui sont seuls, malades, affamés, confus, opprimés, frustrés, effrayés. Leurs souffrances disparaissent et leur esprit s'apaise, s'éclaircit et se remplit de bonheur pur. Souhaitons-leur de ne vivre que de bonnes expériences, depuis la satisfaction des besoins et des désirs ordinaires jusqu'à l'Eveil. Concentrons-nous sur ce sentiment d'amour aussi longtemps que possible.

Concluons la session en pensant que, sans aucun doute, nous disposons du potentiel d'aimer tout le monde, même ceux qui nous agacent ou nous nuisent ainsi que ceux que nous ne connaissons même pas. Engendrons un souhait très fort d'agir sur notre propre colère, notre impatience, notre égoïsme et les autres problèmes qui nous empêchent d'avoir un tel amour. Garder notre esprit ouvert et essayer de surmonter les attitudes préconçues de l'ego, laissera beaucoup d'espace dans notre cœur pour le développement d'un amour universel pur et en conséquence, nous serons heureux et les autres aussi.

Finalement, nous dédions l'énergie positive de notre méditation pour tous les êtres afin qu'ils découvrent le bonheur et l'Eveil.

8. *F*AIRE *F*ACE AUX *É*NERGIES *N*ÉGATIVES

Lorsque l'attention se développe, nous devenons de plus en plus sensibles à nos états d'esprit négatifs tels la colère, l'irritation, l'orgueil, la dépression etc. Pourquoi sont-ils considérés comme négatifs ? La colère ou le désir ne sont pas intrinsèquement mauvais, et nous ne devons pas en avoir honte lorsqu'ils surgissent. Il s'agit de les voir comme des perturbations, ce qu'ils sont en fait, des concepts erronés qui dépeignent une image fausse de la réalité. Ils sont négatifs parce qu'ils conduisent au mécontentement et à la confusion.

Comme toutes nos expériences, les émotions négatives sont impermanentes, elles ne sont ni fixes, ni concrètes. Elles sont simplement une énergie mentale, comme l'amour et la joie, dont la nature est claire et pure. Parfois, nous pouvons nous sentir submergés par ces émotions et nous doutons de ne jamais pouvoir contrôler notre esprit. Mais ne nous inquiétons pas. Les émotions conflictuelles ne font qu'aller et venir dans notre esprit ; elles ne sont pas nous. Avec une compréhension correcte, chaque expérience, qu'elle soit positive ou négative, peut être une étape créatrice sur la voie.

Habituellement, soit nous nous identifions complètement avec notre colère, sans aucune compréhension ni clarté, soit nous la réprimons entièrement, en refusant de reconnaître ce qui se passe. Ces deux approches ne font qu'aggraver les choses.

Au lieu de cela, nous pouvons lui faire face, l'analyser pour voir à quel point elle est erronée et appliquer des contre-mesures pour amener notre esprit à une vue plus réaliste des choses. Gérer ainsi la colère, ou toute autre émotion négative, la transforme en une expérience positive d'apprentissage.

Nous divisons tout dans le monde qui nous entoure en ami, ennemi et étranger (p. 99) selon nos sentiments à leur égard. Intérieurement, tous nos sentiments et attitudes peuvent être divisés en attachement, aversion et ignorance.

La cause à l'origine des émotions négatives est la notion erronée d'une existence solide, intrinsèque, saisissable, que nous imputons à toute chose. Ce malentendu se ramifie en attachement, aversion et ignorance, et ceux-ci, à leur tour, s'étendent à tous nos autres états d'esprit négatifs.

Les méthodes exposées dans ce chapitre donnent des moyens pratiques pour faire face soit à l'attachement, soit à la colère qui est sans doute l'expression la plus grossière de l'aversion, soit à la dépression qui est une attitude sombre, désespérée enracinée dans l'ignorance, une sorte d'indifférence grossière. La plupart de ces méthodes sont simplement des manières d'examiner de très près ces trois états d'esprit. Ce ne sont pas des solutions magiques pour résoudre des problèmes à vrai dire ardus. Faire face à notre énergie négative est un travail difficile, mais avec la pratique et la patience il est possible de modifier progressivement nos attitudes ; première étape vers la transformation de notre expérience réelle des personnes et des situations.

Utilisons ces méthodes dans nos méditations ; il nous sera alors plus facile de les appliquer spontanément lorsque c'est nécessaire.

L'attachement

Désirer quelque chose et ne pas vouloir en être séparé : voilà en général ce qu'est l'attachement. Ce qui lui est associé, c'est la fausse présomption que le fait d'avoir tout ce que nous désirons nous procure de la satisfaction. Ainsi l'attachement déclenche-t-il des problèmes.

Il est difficile de le détecter et encore plus de le critiquer car nous pensons qu'il constitue la voie du bonheur et du contentement. Mais l'accomplissement du désir est une illusion ; le désir nous entraîne davantage dans le désir et non pas vers la satisfaction.

Nous sommes sans doute capables de voir comment l'attachement à l'alcool, aux drogues ou à l'argent conduit plutôt aux problèmes qu'au bonheur, cependant nous pouvons nous demander ce qu'il y a de mal à s'attacher aux êtres. La vie ne serait-elle pas vide et dénuée de sens si nous n'avions ni famille ni amis ?

Cette question se pose parce que nous confondons attachement et amour. L'attachement se préoccupe de mes besoins, de mon bonheur, alors que l'amour est une attitude désintéressée qui s'inquiète des besoins et du bonheur des autres. La plupart du temps, notre amour est mélangé à l'attachement parce que seuls, nous ne nous sentons pas à la hauteur ni en sécurité et nous essayons de trouver la plénitude à travers autrui. Mais quand une relation comporte de l'attachement, des problèmes surgissent inévitablement. Nous devenons dépendants des bons sentiments et du bien-être que nous trouvons dans la relation et nous souffrons, si elle change. Le bonheur véritable et durable ne peut se trouver qu'à l'intérieur de nous-mêmes. Aussi longtemps que nous continuerons désespérément à nous appuyer sur les autres, nous ne le découvrirons pas. Une relation dépourvue de saisie irréaliste est libre de déception, de conflit, de jalousie et d'autres problèmes et constitue un terrain fertile pour le développement de l'amour et de la sagesse.

Surmonter l'attachement ne signifie pas devenir froid et indifférent. Au contraire, le détachement veut dire apprendre à avoir un contrôle détendu sur notre esprit grâce à la compréhension des causes réelles du bonheur et de la satisfaction, ce qui nous permet de jouir davantage de la vie et de souffrir moins.

Comment faire face à l'attachement

1. Le meilleur remède est de penser à la vacuité (p. 63). Examinons le « je » qui expérimente l'attachement. Quelle est sa nature ? Essayons de localiser dans notre corps ou dans notre esprit ce « je » qui semble si solide, si réel.

Examinons aussi l'objet d'attachement. Cette personne ou cette chose est-elle intrinsèquement merveilleuse et agréable ? S'il en est ainsi, pourquoi n'est-elle pas appréciée de tous ? Nous rendons-nous compte à quel point notre esprit exagère et s'excite à propos de l'objet d'attachement ?

Essayons de voir que le « je » et son objet sont vides d'existence intrinsèque; ils n'existent pas de la manière dont ils apparaissent : en et par eux-mêmes. Cela peut sembler peu convaincant, surtout si nous sommes fortement attachés, mais considérons cela attentivement. Le simple fait de penser à la vacuité est utile et nous aide à comprendre graduellement sa signification et à lâcher prise.

2. Méditons sur la mort (p. 75). Souvenons-nous que la mort est inéluctable et qu'elle peut arriver à tout moment. Imaginons ce que nous ressentirons lorsqu'il faudra nous séparer de nos objets d'attachement pour toujours : nos proches, nos plaisirs, nos biens. Non seulement ne peuvent-ils nous aider en rien quand nous mourons, mais notre attachement à leur égard troublera notre esprit et fera obstacle à une mort paisible.

3. Contemplons les défauts de l'attachement. Examinons soigneusement l'esprit qui en fait l'expérience. Il est exalté et rempli d'attentes peu réalistes. Il dissimule les faits et se préoccupe de ses projections. Il est incapable de voir les choses clairement et n'est pas en mesure de porter un jugement perspicace. Est-ce cela le bonheur ?

Les conséquences de l'attachement ne sont pas la paix et la satisfaction, mais la déception et un regain de désir. Pensons à la souffrance que nous éprouvons quand nous nous séparons d'un objet d'attachement. Nous connaissons tous la douleur d'une relation qui échoue et le chagrin causé par la mort d'un être cher.

Reconnaissons que l'attachement n'est pas un état d'esprit paisible et clair, et qu'il mène à l'insatisfaction et au désarroi. En faire une habitude laisse sur notre courant de conscience des empreintes qui entraîneront encore davantage de problèmes dans le futur.

L'attachement obscurcit l'esprit et nous empêche d'en reconnaître les défauts. Il est extrêmement important d'être honnête avec nous-mêmes, de percer sa surface et d'analyser sa nature véritable.

4. Rappelons-nous que toutes les choses sont impermanentes (p. 85). De par leur nature, elles changent d'un moment à l'autre et périront inévitablement. L'objet de notre attachement ne sera pas toujours attrayant et plaisant; visualisons-le vieilli, défraîchi et usé puis vérifions si nos sentiments à son égard restent les mêmes. Que ressentirions-nous si nous le perdions complètement ?

Le plaisir que nous expérimentons est également impermanent. Combien de temps durent vraiment la satisfaction et le contentement que nous procure un objet quel qu'il soit ?

Lorsque nous reconnaissons que les choses extérieures ne peuvent nous apporter un bonheur et une satisfaction durables, notre attachement à leur égard diminuera et peut-être les apprécierons-nous d'autant plus !

5. Si nous ressentons un attachement fort pour un corps séduisant (y compris le nôtre), procédons de la façon suivante :

Analysons d'abord tout simplement ce que nous lui trouvons de si attirant. Puis pénétrons mentalement la surface et examinons ce qui se trouve sous la peau : la chair, les os, les vaisseaux sanguins et les organes. Visualisons le mucus, le pus, le sang, les excréments et l'urine. N'hésitons pas à concevoir les détails précis. Qu'y trouvons-nous donc de si attirant ?

Imaginons le corps vieux, voûté et ridé : où sa beauté se trouve-t-elle maintenant ?

Il ne s'agit pas ici de passer à l'autre extrême et de nous détester, nous-mêmes, ou la personne qui nous attire; mais plutôt de voir comment l'attachement déforme notre perception et exagère les qualités d'une personne ou d'une chose. Nous ne voyons pas tout simplement la réalité telle qu'elle est. Aussi, cette analyse nous ramène-t-elle sur terre et nous aide-t-elle à pénétrer la surface de notre image fantasque et brillante.

6. Si nous sommes attachés à la nourriture, nous pouvons y remédier en contemplant la souffrance expérimentée par tous les êtres impliqués dans sa préparation. Des animaux sont abattus pour nous alimenter en viande et en poisson; d'innombrables petits animaux et insectes sont tués lorsque les graines et les fruits et légumes que nous mangeons sont cultivés, fertilisés et traités. Souvenons-nous du dur labeur des agriculteurs, des pêcheurs, de ceux qui cueillent les fruits, des ouvriers d'usine, des routiers, des vendeurs et des cuisiniers.

Essayons de manger avec attention, en engendrant de la reconnaissance pour la bonté et le sacrifice de tous ces êtres.

La colère

Contrairement à l'attachement qui consiste à ne pas vouloir être séparé de quelque chose ou de quelqu'un, la colère est l'attitude de vouloir être séparé; de vouloir faire du mal. La plupart de nos colères sont dirigées contre d'autres personnes, mais nous pouvons aussi nous fâcher contre nous-mêmes ou contre des objets inanimés. Elle peut aller du sentiment d'irritation provoqué par la façon dont quelqu'un boit du thé, par exemple, jusqu'à la haine puissante qui mène à la violence physique ou même au meurtre.

La colère est l'opposé même de la patience, de la tolérance et de l'amour. C'est une conception déformée, une manière erronée de réagir aux choses, une perturbation qui n'amène que des problèmes et du chagrin, et non pas les résultats escomptés. Elle perturbe notre esprit, nous pousse à nuire aux autres par nos actions et par nos paroles et ne constitue pas une manière habile ni intelligente de réagir, quelle que soit la situation.

La patience, l'opposé de la colère, est un état d'esprit très précieux puisqu'il nous permet d'accepter les difficultés avec un minimum de souffrance. Mais la patience doit s'apprendre et pour la développer, il nous faut mettre en pratique les remèdes à la colère.

Il est plus facile de reconnaître les défauts de la colère que ceux de l'attachement; néanmoins, il est très difficile de faire face à la colère. Ce qui est problématique, c'est que nous ne sommes même pas disposés à la reconnaître à l'œuvre en nous, ou si nous l'identifions, d'admettre que c'est un défaut. Tout en nous efforçant d'être calmes et bons, il est possible que nous refoulions des sentiments d'aversion, de mécontentement et de ressentiment qui sont les aspects les plus subtils de la colère. Cela n'est pas une solution. Les émotions existent toujours, continuant à mijoter dans notre esprit, nous rendant nerveux et tendus, et affectant d'autres personnes.

Considérer la colère comme une énergie naturelle qui ne doit pas être contenue mais exprimée chaque fois qu'elle surgit, constitue aussi une approche erronée. Cela peut évidemment nous soulager de la tension immédiate provoquée par nos émotions et ainsi nous paraître comme une manière habile de gérer la colère, mais une fois de plus, ce n'est pas une solution. Il nous suffit d'observer les effets à court terme (à quel point cela nous perturbe nous-mêmes et les autres) et ceux à long terme (la colère devient une habitude) pour nous rendre compte qu'il n'est pas du tout utile ou intelligent de céder à la colère.

L'approche vraiment habile est de reconnaître la colère ou l'irritation dès qu'elle s'élève, de la garder dans notre esprit et de la gérer alors. Il suffit de la surprendre dès que nous la ressentons pour la désamorcer en grande partie. Puis nous devons examiner l'émotion sous de nombreuses facettes : quelles sont ses causes ? Qu'espérons-nous en obtenir ? Que pensons nous de la situation ? Une compréhension claire de la colère nous permet de mieux la cerner, car lorsque nous voyons à quel point elle est déraisonnable, nous sommes moins susceptibles de nous y impliquer.

La colère déforme notre vision des choses. Après l'avoir examinée nous devons mettre en pratique un des antidotes proposés cidessous, afin d'amener notre esprit à une vision plus correcte de la réalité. Toutefois, cela n'est pas facile. L'énergie de la colère est très puissante et nous n'avons pas l'habitude d'essayer de la maîtriser ou de la transformer. Il est avantageux d'utiliser ces méthodes, à maintes reprises, au cours de la méditation, en travaillant sur des expériences passées de colère ou sur des situations imaginées ; ainsi, quand la colère survient dans nos relations quotidiennes avec les autres, nous pouvons nous rappeler la compréhension que nous avons développée dans nos sessions de pratique et essayer d'éviter de tomber dans les vieux schémas habituels de se mettre en colère.

Evidemment, nous ne réussirons pas toujours. Il peut arriver que des minutes, des heures, voire des jours passent avant que nous ne réalisions même que nous nous sommes mis en colère et avons blessé quelqu'un ! Mais il n'est jamais trop tard pour y remédier. Asseyons-nous, remémorons-nous la situation, reconnaissons ce qui s'est mal passé et essayons de voir comment éviter les mêmes erreurs à nouveau. Nous pouvons aussi analyser les problèmes que nous avons eus dans le passé, de cette manière. Il n'y a aucune raison de se sentir découragé si la colère continue de surgir fortement ; cela prend du temps pour casser des habitudes puissantes. Le plus important est de vouloir y travailler et d'essayer.

Comment gérer la colère

1. Lorsque la colère surgit, tournons notre attention vers l'intérieur et examinons le « je » qui est en colère. Analysons-le pour savoir où et comment il existe. Mettons en application la compréhension de la vacuité que nous avons, quelle qu'elle soit.

Examinons également l'objet de notre colère. Existe-t-il d'une façon aussi solide et précise qu'il nous apparaît ?

Essayons de voir que la situation est comme un rêve : bien qu'elle semble très réelle en ce moment, à nos yeux, plus tard, demain peut-être, elle paraîtra lointaine et estompée, ce ne sera plus qu'un simple souvenir.

2. Rappelons-nous de la loi de causalité. Si quelqu'un nous nuit d'une manière quelconque -en étant injurieux ou hostile, en nous trompant ou en nous volant, ou en détruisant nos possessions- et que nous pensons n'avoir rien fait pour le mériter, vérifions une nouvelle fois.

Selon le bouddhisme, tout malheur qui s'abat sur nous est le résultat d'actions nuisibles accomplies dans le passé, dans cette vie, ou dans d'autres vies. Nous récoltons ce que nous avons semé. Si nous arrivons à accepter les problèmes, dans cette optique, nous ne ressentirons tout simplement plus le besoin de nous mettre en colère.

3. Une autre méthode pour agir avec ceux qui nous font du mal est de nous mettre à leur place et d'essayer de concevoir la situation à partir de leur point de vue. Qu'est-ce qui les pousse à se comporter ainsi ? Leur état d'esprit est-il paisible et heureux ? Est-il confus, malheureux et indompté ? Ce sont des êtres humains comme nous; ils ont des problèmes et des soucis et cherchent à être heureux et à vivre le mieux possible. Pour avoir une meilleure idée de ce qu'ils ressentent, souvenons-nous de nos propres expériences de colère ou de méchanceté.

Voyons aussi ce qu'il en sera s'ils continuent à être sous l'emprise de la colère. Seront-ils heureux et satisfaits ou ne sont-ils pas juste en train de se créer plus de troubles et de souffrance ? Si nous comprenons vraiment la confusion des autres, nous ne voudrons plus réagir par la colère : pourquoi leur apporter plus de souffrance encore ?

4. Pour notre développement spirituel, les situations difficiles sont généralement les plus fructueuses. Ainsi, celui qui provoque notre colère nous donne-t-il l'occasion d'apprendre que nous avons encore du travail à faire.

Nous pouvons penser avoir fait beaucoup de chemin dans la compréhension et le contrôle de notre esprit et avoir acquis désormais une certaine tranquillité quand soudain la colère surgit ! Il s'ensuit que si les êtres nous mettent en colère, ils nous donnent alors la possibilité d'utiliser notre connaissance et d'accroître notre patience. Contemplons ceci et renforçons notre détermination à comprendre notre colère, à la mettre sous contrôle et à apprendre à réagir plutôt avec patience. Ce sera profitable pour nous et pour les autres.

5. Contemplons les points de la méditation sur la mort. La mort peut survenir à tout moment, aussi réalisons qu'il est ridicule de s'attacher aux différends que nous avons avec les autres. Mourir avec une colère non résolue cause des ravages dans notre esprit et rend impossible une mort paisible.

L'autre personne peut, elle aussi, mourir à tout moment. Comment nous sentirions-nous si cela arrivait avant d'avoir pu clarifier les problèmes qui nous divisent ? Nous, l'autre personne et notre interaction prendront définitivement fin. Vus dans cette optique, les problèmes sont-ils vraiment si importants ? Méritent-ils l'angoisse et la peine qu'ils causent ?

6. Après avoir obtenu un certain contrôle sur notre colère par l'une de ces méthodes, peut être aimerions-nous travailler à développer l'amour. Nous pouvons le faire en pratiquant la méditation sur l'amour (p. 105), en visualisant en face de nous la personne qui nous met en colère et en faisant un effort particulier pour, en fait, inverser nos sentiments à son égard.

7. Toutes les méthodes expliquées ci-dessus impliquent une méditation pour essayer de gérer la colère, nous-mêmes; il est possible également de résoudre un conflit en communiquant avec l'autre personne. Cela exige toutefois de la prudence. Nous devons d'abord nous demander si l'autre personne est ouverte à une telle

communication et si cela amènera des résultats positifs. Puis, nous devons examiner très attentivement notre motivation : désirons-nous vraiment régler nos différends avec cette personne et améliorer notre compréhension mutuelle, ou voulons-nous simplement exprimer à quel point nous sommes irrités ou remporter une victoire ?

Si nous commençons à discuter du problème avec le désir de faire du mal ou avec des attentes et des exigences, la communication ne sera pas possible. Nous devons donc être très clairs sur nos intentions et très sincères et honnêtes dans l'explication de nos sentiments. Une telle communication ouverte est très puissante et peut transformer des ennemis en amis.

Bien sûr, la colère est parfois tellement forte que la dernière des choses que nous ayons envie de faire, c'est de nous asseoir pour méditer ! Nous devons tenter, au moins, de ne pas nous y impliquer complètement et de parler avec emportement ou de devenir violent. Nous pouvons essayer une méthode qui permette de relâcher notre énergie sans nuire à la personne, ou ne pas réagir du tout, en restant de pierre ou de bois, jusqu'à ce que notre colère soit apaisée. Plus tard, quand notre esprit aura retrouvé son calme, nous pourrons méditer sur le problème et appliquer l'un des antidotes.

Un problème qui réapparaît fréquemment, comme celui de se mettre en colère contre quelqu'un avec qui nous vivons ou travaillons, peut être résolu plus efficacement si nous pensons à la situation en méditation et prévoyons ce que nous dirons ou ferons lorsqu'elle se présentera de nouveau. De cette façon, nous sommes mieux préparés et risquons moins d'être pris au dépourvu.

La dépression

La dépression se manifeste par un état d'esprit morose, pesant, malheureux, égocentrique et par un manque d'énergie positive. Il peut s'agir d'un problème chronique -une réaction habituelle aux difficultés- ou de l'effet secondaire d'une expérience malheureuse, telles la maladie ou la mort d'un être cher. Dans tous les cas, elle est occasionnée par la pensée erronée qui grossit les aspects négatifs de notre personnalité ou d'une situation et en ignore le côté positif.

La dépression se concentre sur mon problème et l'exagère démesurément. Nos pensées déclinent en spirale; nous avons l'impression que la situation est désespérée, sans possibilité d'amélioration. Nous nous apitoyons sur nous-mêmes voyant notre ego au cœur d'une histoire triste et nous n'avons pas d'énergie ou si peu à partager avec les autres. Non seulement nous sommes incapables de prendre soin de nous-mêmes mais encore nous entraînons les autres avec nous.

Nous avons tous la tendance à être dépressifs par moments. Nous ne sommes pas parfaits et la vie n'est pas toujours facile. Nous faisons des erreurs et nous n'avons pas le contrôle sur ce qui se présente. Lorsque nous sommes incapables d'accepter ces problèmes avec joie comme des aspects naturels de la vie ou de les gérer habilement, nous sombrons dans la dépression. Bien sûr, la douleur que nous éprouvons est réelle et les problèmes nécessitent notre attention. Mais sombrer dans la dépression n'est pas la solution -cela ne fait qu'approfondir et compliquer notre tristesse. Le meilleur moyen est d'analyser nos schémas de pensées pour voir comment nous interprétons la situation et d'essayer de comprendre d'où vient notre erreur. Progressivement nous pouvons apprendre à nous rattraper à temps ; à regarder les choses de manière plus positive et à utiliser notre sagesse naturelle.

Comment faire face à la dépression

1. Examinons le « je » (p. 63), notre sens du « soi » qui s'identifie fortement avec des pensées et des sentiments tristes. Essayons de trouver ce « je ». Quelle est sa nature ? Fait-il partie de notre corps ou de notre esprit, ou se trouve-t-il ailleurs ? Ce « je » dépressif est-il quelque chose de permanent, de solide, d'immuable ?

Souvenons-nous que notre esprit est un courant de différentes expériences -joyeuses, tristes, positives, négatives- toutes de la même nature claire et immatérielle. Ces expériences apparaissent et se dissolvent telles des vagues de l'océan, ne durant qu'un bref moment. Il en est ainsi de notre dépression : comme une vague, elle est transitoire et éphémère, il n'est donc pas approprié de s'y accrocher en pensant : « c'est moi ».

2. Utilisons la méditation sur l'appréciation de notre vie humaine (p. 69). Même si notre problème est très sérieux, il est important de nous souvenir que nous possédons beaucoup d'énergie positive et un potentiel considérable. Il est toujours possible de surmonter la dépression en changeant notre façon de penser, en mettant l'accent sur les aspects positifs de notre personnalité et de notre vie plutôt que sur les aspects négatifs ; ils existent ! Il s'agit de les regarder et de les faire nôtres plutôt que de nous identifier avec l'image dépressive et insignifiante que nous avons de nous-mêmes.

3. Méditons sur la clarté de l'esprit (p. 51). Notre tristesse, notre inquiétude et notre frustration aussi bien que nos bons sentiments, ne sont tous que de l'énergie mentale : claire, immatérielle et transitoire. Observons simplement les différentes pensées et expériences qui nous traversent l'esprit, sans les juger ou sans nous y impliquer.

4. Méditons soit sur l'amour (p. 105) soit sur la compassion (p. 139). Nous tourner vers l'extérieur, vers les autres et contempler leurs besoins et leur souffrance nous aidera à être moins égocentrique et à voir ainsi nos problèmes d'une manière plus réaliste.

5. Pratiquons une des méditations de visualisation (p. 123), par exemple, le corps de lumière, Tara, ou la purification. Elles peuvent constituer des moyens très rapides pour interrompre notre vision dépressive des choses.

*V. V*ISUALISATIONS

A Propos de la Visualisation

Lors de vos tentatives pour calmer et concentrer votre esprit, vous avez sans doute remarqué des images visuelles parmi les nombreuses choses qui distraient votre attention de l'objet de méditation : le visage des êtres aimés, votre maison, d'autres lieux familiers, de la nourriture appétissante ou des souvenirs de films que vous avez vus. De telles images surgissent spontanément durant la journée mais nous sommes souvent trop absorbés dans les sensations externes pour nous en rendre compte. Chaque nuit aussi, notre esprit crée des scènes vivantes dans lesquelles nous interagissons avec des personnes de rêve et des situations de rêve. La visualisation ou imagination est donc une technique mentale avec laquelle nous sommes familiers, mais à moins que notre travail ne soit relié à l'art, au design ou au cinéma, nous ne faisons que très peu, sinon rien pour la développer et l'utiliser.

Cette aptitude naturelle à penser en images peut être utilisée pour approfondir nos expériences méditatives. La visualisation est exploitée de plusieurs manières dans la tradition tibétaine du développement spirituel. Elle ajoute une autre dimension aux méditations analytiques; ainsi nous pouvons nous visualiser en train de mourir pour aviver la conscience que nous sommes mortels. Dans le développement de la concentration en un point, il est recommandé de faire appel à une image mentale du Bouddha comme centre d'attention ; le fait de visualiser des êtres éveillés lorsque nous prions, nous aide à renforcer notre foi et notre conviction.

Cependant l'art de la visualisation trouve sa pleine dimension dans le *Vajrayana* ou *Tantra*, moyen le plus profond et le plus rapide pour atteindre l'Eveil. Dans cette voie, les pratiques impliquent de s'identifier complètement, corps et esprit, à un être éveillé et de percevoir notre environnement comme un royaume pur. Parce que nous laissons s'exprimer notre potentiel pour l'Eveil, les perceptions ordinaires erronées de nous-mêmes et de tous les autres phénomènes sont alors graduellement abandonnées.

Les déités de méditation visualisées dans la pratique du Vajrayana, telles que Tara et Avalokitéshvara, sont des symboles de l'état éveillé. Chacune d'elles est non seulement la manifestation d'une qualité spécifique mais encore de l'expérience totale de l'Eveil : ainsi Avalokitéshvara représente-t-il, par exemple, le bouddha de la compassion. Les détails de la visualisation, comme les couleurs, les attributs, les gestes des mains, la posture etc., symbolisent différents aspects de la voie menant à l'accomplissement spirituel.

La méditation sur ces déités (ou sur des images issues d'autres traditions avec lesquelles nous sommes plus à l'aise, comme par exemple, le Christ ou Marie), nous permet d'ouvrir notre cœur aux énergies pures de l'amour, de la compassion, de la sagesse et à la force qui sont constamment présentes tout autour de nous, où que nous soyons. Et comme le potentiel de ces qualités éveillées repose en nous, nous devons considérer les images que nous contemplons comme étant des réflexions de notre propre nature véritable. Même si la vérité ultime est inexprimable, les mots nous conduisent à sa découverte; ainsi les images peuvent-elles aussi nous évoquer l'expérience de l'Eveil jusqu'à ce que cela devienne une réalité vivante.

Les deux types de méditation -analytique et stabilisatrice- s'utilisent simultanément dans les techniques de visualisation. Nous avons besoin de la pensée analytique pour construire l'image au début de la méditation et pour la ramener à l'esprit chaque fois que nous la perdons pendant la session. L'analyse est également utilisée pour faire face à d'autres problèmes susceptibles de surgir, comme la distraction ou les pensées négatives.

Cependant le développement d'une visualisation claire dépend principalement de la méditation stabilisatrice. Lorsque l'image a été établie et que nous sommes à l'aise avec celle-ci, nous devons la maintenir à l'aide d'une concentration en un point et empêcher l'esprit de se laisser distraire par d'autres objets. Au début, notre concentration ne durera que quelques secondes mais avec une pratique continue nous pourrons la maintenir pendant des durées de plus en plus longues. Chaque fois que notre attention vagabonde ou que l'objet nous échappe, nous devons à nouveau le ramener à l'esprit. Méditer de cette manière nous permet de nous familiariser davantage avec des images positives et renforce, en même temps, notre aptitude à nous concentrer et à maîtriser l'esprit.

Il est courant de trouver la visualisation difficile. Si nous rencontrons des problèmes, c'est peut-être parce que nous faisons trop d'efforts ou que nous avons trop d'attentes. L'esprit doit se trouver dans un état approprié, détendu, clair et ouvert. Trop d'effort crée une tension et la seule vision qui puisse apparaître est l'obscurité. Pas assez de concentration laisse entrevoir que l'esprit est encombré de distractions, ne réservant aucun espace à une image visualisée. Nous devons apprendre à ajuster notre concentration tout comme nous accorderions un instrument de musique avec sensibilité et patience -jusqu'à ce que nous ayons trouvé l'état mental correct dans lequel l'objet peut apparaître clairement.

Rappelons-nous également que la visualisation n'utilise que la faculté mentale et non pas les yeux. Si nous nous apercevons que nous nous efforçons de voir quelque chose, nous avons mal compris la technique. Détendons-nous et laissons l'image apparaître à partir de notre esprit.

De plus, nous devons nous satisfaire de tout ce qui apparaît, même si ce n'est qu'une tache de couleur ou un détail mineur. Il est plus important de ressentir la présence d'un être éveillé que de trop chercher à percevoir une image mentale. C'est pourquoi, il est extrêmement important d'être détendu et sans attente. C'est aller à l'encontre du but recherché que d'espérer une visualisation parfaite après une ou deux tentatives car cela peut prendre des années avant que nous ne puissions vraiment *voir* l'image. Une fois de plus, il s'agit d'accorder l'esprit à un juste équilibre, d'apprendre à travailler avec ses énergies et ses éléments pour produire une expérience méditative positive et joyeuse.

Pratiquer la visualisation avec des objets familiers peut se révéler utile. Asseyons-nous tranquillement, les yeux fermés et ramenons à l'esprit l'image d'un ami, par exemple. Essayons d'en esquisser les détails : la couleur et la forme des yeux, du nez et de la bouche, la coiffure, la corpulence etc. Puis faisons l'expérience avec d'autres objets : notre maison, la vue de notre fenêtre, même notre propre visage.

Pour faciliter la visualisation de déités, scrutons une reproduction picturale ou une statue, puis fermons nos yeux et essayons de nous en souvenir en détail. Toutefois, cela ne nous met en mémoire que les détails; ne croyons pas que la figure visualisée doit être écrasée comme sur un dessin ni froide et inerte comme une statue. Elle doit être chaleureuse, pleine de vie et de sensibilité, tridimensionnelle et faite de lumière pure et irradiante. Ressentons que nous sommes réellement en présence d'un être éveillé bienheureux et compatissant.

Enfin, avant de s'attaquer à des techniques plus compliquées, il serait peut être utile de pratiquer la visualisation simple qui suit.

1. MÉDITATION DU CORPS DE LUMIERE

Asseyons-nous confortablement, le dos droit et respirons naturellement. Lorsque notre esprit est calme et clair, visualisons dans l'espace au-dessus de notre tête, une sphère de lumière blanche, légèrement plus petite que notre tête, pure, transparente et sans forme. Passons plusieurs minutes à nous concentrer sur la présence de la lumière. Ne nous inquiétons pas si elle n'apparaît pas très nettement ; il suffit simplement de sentir sa présence.

Cette sphère lumineuse représente toute la bonté, l'amour et la sagesse de l'univers : l'accomplissement de notre propre potentiel le plus élevé. Visualisons ensuite que sa taille diminue jusqu'à atteindre un diamètre de deux centimètres et demi environ et qu'elle descend par le sommet de notre tête vers le centre de notre cœur.

De là, elle commence à se dilater une fois de plus, se répandant lentement jusqu'à remplir notre corps tout entier. Ce faisant, toutes les parties solides de notre corps se dissolvent et se transforment en lumière ; nos organes, nos os, nos vaisseaux sanguins, nos tissus et notre peau deviennent tous une pure lumière blanche sans forme.

Concentrons-nous sur l'expérience de notre corps sous la forme d'un corps de lumière. Pensons que tous les problèmes, négativités et obstacles ont disparu et que nous avons atteint un état de complétude et de perfection. Ressentons sérénité et joie.

Si une pensée ou un objet de distraction apparaît dans notre esprit, laissons-le se dissoudre dans la lumière blanche.

Méditons ainsi aussi longtemps que nous le pouvons.

2. Méditation de Purification

Notre personnalité comporte des aspects tant positifs que négatifs. D'un côté se trouvent l'amour, la sagesse, la joie et la générosité, mais de l'autre, la colère, l'égoïsme, la paresse et une kyrielle d'autres problèmes. Tous ces traits ne sont que des expériences mentales, des vagues sur l'océan de notre conscience ; ils possèdent tous la même nature fondamentale claire. Ils ne sont ni statiques ni permanents mais en constante fluctuation, ils vont et viennent.

Il importe cependant de faire deux distinctions : premièrement, les états d'esprit positifs sont productifs et bénéfiques pour nous et pour les autres, alors que les états d'esprit négatifs sont nuisibles et n'apportent que confusion et souffrance. La paix de l'esprit est obtenue en cultivant ce qui est positif et en abandonnant ce qui est négatif.

Deuxièmement, la colère et les autres confusions mentales surgissent de nos idées fausses sur le mode d'existence des choses alors que les états d'esprit positifs sont réalistes et proviennent d'une compréhension correcte. Lorsque nous reconnaissons cela et développons une vue juste de la réalité, nos négativités diminuent progressivement pour finalement, disparaître totalement. En même temps que notre sagesse se déploie, nos bons sentiments spontanés augmentent et notre personnalité se transforme graduellement. Ce cheminement conduit à l'Eveil, la perfection de toutes les qualités salutaires; un état de grande clarté et de compassion chaleureuse.

Le plus souvent, nous nous identifions davantage avec nos côtés négatifs qu'avec nos aspects positifs et nous nous sentons coupables des erreurs que nous avons commises. Nous pensons : « Je ne suis bon à rien, je n'arrive pas à contrôler ma colère; je ne fais rien de bien, je suis complètement froid et incapable d'aimer quiconque. » Même si nous avons des défauts et des problèmes, il est incorrect de croire qu'ils sont permanents. Nous *pouvons* nous libérer de l'énergie négative et du fardeau de la culpabilité, à condition que nous soyons prêts à agir. Le processus de la purification est une des manières de le faire.

La purification est un thème qui revient souvent dans la méditation bouddhique. Il s'agit principalement de changer notre manière de penser. Lorsque nous pensons que nous sommes impurs et négatifs, nous le devenons. Une image dépressive et démoralisée de nous-mêmes influence notre comportement et notre conception de la vie. Nous nous sentons limités et médiocres et ne nous donnons pas même la possibilité de changer. Mais, en reconnaissant notre potentiel de perfection et en engageant sincèrement de l'énergie dans son développement, nous cultivons une image de nous-mêmes plus positive. Croire que nous sommes fondamentalement pur est le premier pas pour devenir pur. Ce qui doit être purifié c'est donc notre manque de confiance en nous-mêmes et notre tendance à nous identifier à notre énergie négative, ainsi que l'énergie négative elle-même.

Cette méditation simplifiée contient l'essence de la purification : lâcher les problèmes et les erreurs, les percevoir comme des obscurcissements temporaires et non pas comme faisant partie intégrante de notre nature. Cela nous aide à entrer en contact avec notre bonne énergie naturelle et à la développer.

La pratique

Soyons à l'aise et détendus. Prenons quelques minutes pour établir notre esprit dans l'instant présent.

Puis, tournons notre attention sur notre respiration. Respirons normalement et surveillons la durée totale de chaque inspiration et expiration.

Quand nous expirons, imaginons que toute notre énergie négative, les erreurs passées, les conceptions fausses et les émotions quittent notre corps avec le souffle. Visualisons cette énergie comme une fumée noire et envoyons-la dans l'espace où elle s'évapore totalement. Soyons persuadés de nous être libérés de toute trace de défauts et de négativités.

Quand nous inspirons, imaginons que toute l'énergie positive de l'univers entre dans notre corps avec le souffle sous la forme d'une lumière blanche pure et rayonnante. Visualisons que cette lumière s'écoule dans toutes les parties de notre corps, remplit chaque cellule et chaque atome, nous détend et nous rend léger et bienheureux.

Pendant toute la durée de la session, concentrons-nous sur cette expérience d'expirer la fumée noire de nos problèmes et d'inspirer la lumière blanche de bonne énergie. Lorsque nous sommes distraits par des sensations, observons-les simplement sans réagir ou sans nous impliquer, transformons-les en fumée noire et avec l'expiration laissons-les disparaître.

Concluons la méditation en dédiant notre énergie positive, afin que tous les êtres trouvent le bonheur éternel et la paix de l'esprit.

3. *M*ÉDITATION SUR *T*ARA

Tara, la Libératrice, est un bouddha qui représente en particulier les activités habiles de tous les êtres éveillés, ou les moyens par lesquels ils communiquent avec nous et nous guident selon notre capacité. Contempler Tara apporte des résultats rapides quels que soient nos désirs ou nos besoins. Connue comme la Mère de tous les bouddhas, elle est aussi notre mère, car elle éveille et nous aide à réaliser notre potentiel à atteindre l'Eveil.

La pratique

Détendons notre corps et calmons nos pensées. Pensons que nous allons faire cette méditation pour le bien de tous les êtres vivants.

Dans l'espace devant nous, visualisons Tara, la manifestation de tout ce qui est positif. Son corps d'une lumière vert-émeraude est translucide et rayonnant. (Nous pouvons la visualiser de la taille que nous désirons).

Sa jambe gauche est repliée, ce qui signifie un contrôle complet de l'énergie sexuelle et sa jambe droite étendue, ce qui indique qu'elle est prête à venir en aide à tous les êtres.

Sa main gauche est près de son cœur, dans le geste du refuge : la paume est tournée vers l'extérieur, le pouce et l'annulaire se touchent et les trois autres doigts sont dressés.

Sa main droite repose sur son genou droit, dans le geste qui accorde les réalisations sublimes : la paume est tournée vers l'extérieur, le pouce et l'index se touchent et les autres doigts pointent vers le bas.

Dans chaque main elle tient la tige d'une fleur bleue, symbole de l'ouverture du canal central (p. 155). Elle est extrêmement belle et nous sourit avec amour. Ses vêtements sont faits de soie céleste et ses ornements de pierres précieuses.

Concentrons-nous pendant un moment sur la visualisation, en ouvrant notre cœur à l'énergie de bonté inépuisable de Tara.

Puis, pensons à nos problèmes, à nos besoins et à nos objectifs, et du fond de notre cœur, adressons une prière à Tara en sollicitant de l'aide. Elle répond immédiatement en déversant des flots de lumière en nous :

> de la lumière blanche s'écoule de son front dans le nôtre, éliminant tous les obstacles et négativités du corps ;
> de la lumière rouge s'écoule de sa gorge dans la nôtre, éliminant tous les obstacles et négativités de la parole ;
> de la lumière bleue s'écoule de son cœur dans le nôtre, éliminant tous les obstacles et négativités de l'esprit.

Tour à tour, faisons chacune de ces visualisations ; ressentons vraiment que nous sommes, à présent, complètement libérés de nos problèmes et que nous avons reçu l'inspiration et l'énergie pour accomplir nos objectifs.

Tara vient ensuite dans l'espace au-dessus de notre tête et regarde dans la même direction que nous. Elle se dissout en lumière verte qui descend par le sommet de notre tête vers le centre de notre cœur, siège de notre conscience. Notre esprit fusionne totalement avec l'esprit de Tara et nous expérimentons clarté, calme et félicité.

Demeurons dans cet état aussi longtemps que possible. Lorsque des pensées surviennent, observons-les simplement avec détachement, sans les juger bonnes ou mauvaises et ramenons notre attention à l'expérience de clarté et de félicité.

A la fin de la session, dédions l'énergie positive que nous avons engendrée à tous les êtres vivants, afin qu'ils puissent connaître la grande joie d'être libérés de la confusion et de la souffrance. (Pour une méditation différente sur Tara et son mantra, voir p. 197).

4. Méditation sur la Compassion

Alors que l'amour est le désir que les autres soient heureux, la compassion est en fait le désir de les amener au bonheur en les libérant de leur souffrance.

La compassion n'est pas le sentiment triste et angoissé que nous éprouvons souvent quand nous voyons ou entendons parler de la souffrance des gens. Il ne s'agit ni de s'impliquer sentimentalement dans leurs problèmes ni, d'un autre côté, de se retenir par gêne. Toutes ces réponses ne sont pas appropriées et montrent que nous ne comprenons ni les causes des problèmes, ni leur solution.

Avec une compassion véritable nous sommes plus sages : nous comprenons comment et pourquoi la souffrance apparaît et nous pouvons gérer les situations de manière réaliste. Elle nous donne l'énergie de faire ce que nous pouvons pour aider, et la sagesse d'accepter nos limites et de ne pas nous inquiéter pour ce que nous ne pouvons pas faire.

Une attitude compatissante est ce qui compte vraiment; nous ne pouvons pas espérer éliminer vraiment la souffrance de quelqu'un d'autre alors que notre propre esprit est encore agité par des conceptions fausses et des émotions confuses. C'est pourquoi, nous devons travailler simultanément à développer la sagesse afin de voir clairement comment les choses existent et le souhait compatissant de soulager la souffrance des autres; nos actions seront alors vraiment habiles.

La compassion n'est pas seulement bénéfique pour les autres, mais aussi pour nous-mêmes. Comme l'a dit le Dalaï Lama : « Si vous voulez que les autres soient heureux, pratiquez la compassion chaleureuse ; si vous voulez être heureux vous-même, pratiquez la compassion chaleureuse. »

Nous possédons tous le potentiel d'être compatissants de façon illimitée. Un moyen puissant d'éveiller et de développer ce potentiel est de visualiser Avalokitéshvara (*Tib. Tchènrézi*), l'incarnation de la compassion, et de contempler son mantra.

Un mantra est une série de syllabes correspondant à certaines vibrations subtiles en nous. Un mantra a construit son énergie, à tout jamais, en ayant été utilisé par des millions de personnes pendant des milliers d'années. Son efficacité ne provient pas de notre compréhension de son sens littéral mais de la concentration sur le son quand nous le récitons à voix haute ou en silence.

Le mantra d'Avalokitéshvara, *om mani padmé houm* (prononcé *om mani pédmé houm*), exprime la pure énergie de la compassion existant dans chaque être. Sa récitation, soit au cours de la méditation, soit au cours de nos activités quotidiennes, éveille non seulement notre propre compassion mais permet d'accroître le développement de l'énergie de la paix et de l'amour dans le monde, si nous nous joignons (mentalement) aux millions d'autres personnes qui le récitent également. Tout au moins, la concentration sur le mantra de la compassion permet à notre esprit de rester alerte et positif plutôt qu'éparpillé et négatif.

Cette pratique associe une méditation analytique pour engendrer la compassion à une méditation stabilisatrice sur l'image et le mantra d'Avalokitéshvara.

La pratique

Détendons notre corps et notre esprit et amenons notre attention au présent en observant attentivement notre respiration. Examinons nos pensées et nos sentiments et engendrons une motivation positive pour accomplir cette méditation.

Imaginons que tout l'espace est rempli d'êtres, assis autour de nous jusqu'au-delà de l'horizon. Contemplons leur souffrance. Pensons, tout d'abord, à la souffrance de nos parents et de nos proches. Ouvrons notre cœur à leurs problèmes physiques et psychologiques et pensons que, tout comme nous, ils désirent être libres de toute souffrance. Ressentons à quel point ce serait merveilleux s'ils étaient libres et pouvaient jouir de la paix et de la félicité de l'Eveil.

Puis pensons à ceux que nous n'aimons pas ou qui nous ont fait du mal. Imaginons leur souffrance : douleur physique et inconfort, sentiments de solitude, d'insécurité, de peur, d'insatisfaction. Tout comme nous, ils ne veulent pas de problèmes mais ils n'ont pas le choix; tant que l'esprit est confus et ignorant de la réalité, il ne peut pas trouver la paix. Ouvrons notre cœur à ces gens envers lesquels nous ressentons, normalement, de l'irritation et de la colère.

Etendons notre conscience pour accueillir les ennuis et la douleur des autres êtres humains et des animaux; quiconque n'a pas contrôlé son esprit souffre nécessairement.

Mais ne soyons pas submergés par tout cela ! Souvenons-nous que la souffrance, le malheur et la douleur sont des expériences mentales, impermanentes et changeantes. Elles surviennent en raison de l'incompréhension et des émotions confuses; une fois que leurs causes ont été éliminées, elles disparaissent. Il s'agit pour chacun d'entre nous de travailler sur son propre esprit, de s'employer à dissiper ses conceptions fausses et son énergie négative et de développer graduellement une compréhension correcte de la façon dont les choses existent vraiment.

Ressentons vivement l'aspiration à le faire nous-mêmes, afin de pouvoir aider les autres à se libérer de leur souffrance.

Visualisons maintenant, juste au sommet de notre tête et tourné dans le même sens que nous, Avalokitéshvara, la manifestation de la compassion, de l'amour et de la sagesse purs et sans obstruction. Son corps de lumière blanche est transparent et rayonnant. Essayons de ressentir sa présence.

Son visage est paisible et souriant et il irradie son amour vers nous et tous les êtres qui nous entourent. Il a quatre bras. Ses deux premières mains sont jointes à son cœur et tiennent un joyau exauçant tous les souhaits ; ses deux autres mains sont relevées à la hauteur des épaules, la droite tenant un rosaire en cristal et la gauche un lotus blanc. Il est assis sur un disque de lune blanc posé sur un lotus ouvert, ses jambes sont croisées dans la posture du lotus. Il est revêtu de soies raffinées et paré de bijoux précieux.

Maintenons notre attention sur cette visualisation jusqu'à ce qu'elle soit stable. Restons détendus, à l'aise et ouverts à l'énergie sereine et chaleureuse d'Avalokitéshvara.

Du fond de notre cœur, faisons maintenant une prière pour surmonter nos conceptions fausses et notre énergie négative et pour développer un amour pur et la compassion envers tous les êtres. Sentons que nous entrons en contact avec notre propre nature véritable, notre potentiel le plus élevé.

En réponse à notre requête, Avalokitéshvara envoie, avec amour, des flots de lumière blanche, remplissant chaque cellule et chaque atome de notre corps. Il purifie toutes nos négativités et tous nos problèmes, toutes nos actions nuisibles du passé ainsi que notre prédisposition à nuire dans le futur et nous remplit entièrement de son amour et de sa compassion illimités. Notre corps se sent léger et bienheureux, notre esprit paisible et clair.

La lumière émanant d'Avalokitéshvara irradie vers tous les êtres vivants, purifie leur énergie négative et les remplit de béatitude.

Maintenant, tout en nous concentrant sur cette visualisation, récitons le mantra, *Om mani pédmé houm*, à voix haute pendant un moment puis silencieusement autant de fois que nous le désirons.

Quand la récitation est terminée, nous visualisons Avalokitéshvara se dissolvant dans une lumière blanche, qui s'écoule depuis le sommet de notre tête jusqu'à notre centre (*Skt. Chakra*) du cœur. Notre esprit fusionne entièrement avec celui d'Avalokitéshvara et nous faisons l'expérience d'un calme total et d'une béatitude parfaite.

Maintenons cette sensation aussi longtemps que possible. Chaque fois que notre sens habituel du « je » commence à se manifester, un « je » qui s'ennuie, qui s'agite, qui a faim ; quel qu'il soit, pensons que ce n'est pas notre vrai « soi ». Avec simplicité, ramenons sans cesse notre attention sur notre expérience de fusion avec les qualités de l'esprit d'Avalokitéshvara : l'amour et la compassion infinis.

Finalement, dédions l'énergie positive que nous avons créée par cette méditation au bonheur de tous les êtres vivants. (Pour une méditation différente sur Avalokitéshvara, voir p. 185).

5. *M*ÉDITATION SUR LE *B*OUDDHA

Bouddha est un mot sanscrit qui signifie « complètement éveillé ». Il fait référence non seulement à *Shakyamouni*, ou *Gautama*, le fondateur des enseignements connus sous le nom de Bouddhisme, mais aussi à toute personne qui atteint l'Eveil. Il existe d'innombrables êtres éveillés ; des êtres qui ont profondément transformé leur esprit, éliminé toute énergie négative et ont réalisé leur complétude et sont devenus parfaits. Ils ne sont pas obligés de rester dans un corps physique transitoire comme nous le sommes, mais sont affranchis de la mort et de la renaissance. Ils peuvent demeurer dans un état de conscience pure ou apparaître sous différentes formes -un coucher de soleil, une musique, un mendiant, un enseignant- afin de communiquer leur sagesse et leur amour aux êtres ordinaires. Ils sont l'essence même de la compassion et de la sagesse, et leur énergie est autour de nous tout le temps.

Chaque être vivant, en raison du fait qu'il possède un esprit, est capable de devenir un bouddha. La nature fondamentale de l'esprit est pure, claire et libre des nuages des conceptions et émotions perturbatrices qui l'obscurcissent à présent. Tant que nous nous identifions à des états d'esprit confus en croyant : « Je suis une personne colérique ; je suis déprimé ; j'ai tellement de problèmes », nous ne nous donnons même pas la chance de changer.

Bien sûr, nos problèmes sont très profonds et complexes, mais ils ne sont pas aussi réels ou si concrets que nous le pensons. Nous avons aussi la sagesse qui peut reconnaître nos pensées erronées et la capacité de donner et d'aimer. Il s'agit de s'identifier à et de développer progressivement ces qualités jusqu'au moment où elles apparaîtront spontanément et sans effort. Ce n'est pas facile d'atteindre l'Eveil, mais c'est possible.

Dans cette méditation, nous visualisons la forme du Bouddha Shakyamouni et récitons son mantra.

Shakyamouni est né prince, Siddhartha, dans une famille immensément riche, il y a deux mille cinq cents ans au Nord de l'Inde. Il a vécu dans son royaume pendant vingt-neuf ans, à l'abri des réalités les plus déplaisantes de l'existence humaine. Toutefois il finit par les rencontrer sous la forme d'une personne malade, d'une personne âgée et sénile et d'un cadavre. Ces expériences l'affectèrent profondément. Par la suite, sa rencontre avec un méditant vagabond qui avait transcendé les préoccupations de la vie ordinaire et atteint un état d'équilibre et de sérénité, fut marquante pour lui.

Réalisant que sa manière de vivre ne menait qu'à la mort et n'avait pas de valeur réelle et durable, le Prince Siddhartha décida de quitter son foyer et sa famille et d'aller dans la forêt pour méditer. Après de nombreuses années d'efforts continus et déterminés, et après avoir rencontré et surmonté difficulté après difficulté, il obtint l'Eveil, devint un bouddha. S'étant ainsi libéré lui-même de toutes les perturbations et de la souffrance, il aspira à aider les autres à atteindre également l'Eveil ; sa compassion était illimitée. Il avait alors trente-cinq ans. Il passa les quarante-cinq années restantes de sa vie à expliquer la manière de comprendre l'esprit, de faire face aux problèmes, de développer l'amour et la compassion et ainsi de devenir éveillé. Ses enseignements étaient remarquablement fluides, variant selon les besoins, les capacités et la personnalité de ceux qui écoutaient. Il les mena habilement vers la compréhension de la nature ultime de la réalité.

La vie du Bouddha fut elle-même un enseignement, un exemple de la voie vers l'Eveil, et sa mort, un enseignement sur l'impermanence.

Un moyen puissant de découvrir notre propre nature de bouddha est de nous ouvrir au bouddha externe. Avec une pratique continue, l'image ordinaire que nous avons de nous-mêmes s'estompe graduellement et nous apprenons plutôt à nous identifier à notre sagesse et à notre compassion innées : notre propre bouddhéité.

La pratique

Calmons notre esprit par quelques instants de méditation sur le souffle. Puis, contemplons la prière de refuge et de l'esprit d'Eveil (*Skt. Bodhicitta*).

Je prends refuge jusqu'à l'Eveil,
Dans le Bouddha, le Dharma et le Sangha.
Grâce aux mérites accumulés par la pratique de la générosité
Et des autres perfections,
Puissé-je atteindre la bouddhéité pour le bien de tous les êtres.

Engendrons l'amour et la compassion en réfléchissant brièvement à la situation difficile de tous les êtres : leur souhait de faire l'expérience du vrai bonheur mais leur incapacité à l'obtenir, et leur souhait d'éviter la souffrance mais leur confrontation continuelle avec elle.

Puis pensons : « Afin d'aider tous les êtres et de les mener vers la paix parfaite et le bonheur de l'Eveil, je dois, moi-même, atteindre l'Eveil. Dans ce but, je vais pratiquer cette méditation. »

Visualisation du Bouddha

Chaque aspect de la visualisation est lumière : transparent, intangible et rayonnant.

Au niveau de notre front à une distance d'environ 1 m 80 à 2 m 50, se trouve un grand trône doré, orné de joyaux et soutenu par deux lions des neiges à chacun de ses quatre coins. Ces animaux qui sont en réalité des manifestations de bodhisattvas, ont une fourrure blanche, une crinière et une queue vertes.

Sur la surface plate du trône, se trouvent un lotus grand ouvert et, posés l'un sur l'autre, deux disques radieux représentant le soleil et la lune. Ces trois objets symbolisent les trois réalisations principales de la voie vers l'Eveil : le lotus, le renoncement; le soleil, la vacuité et la lune, l'esprit d'Eveil ou Bodhicitta.

Dessus, est assis le Bouddha, qui a atteint ces réalisations et est l'incarnation de tous les êtres éveillés. Son corps est fait de lumière dorée et il porte les robes safran d'un moine. En fait, les robes ne touchent pas son corps mais en sont séparées d'environ deux centimètres et demi. Il est assis dans la posture du vajra ou lotus. La paume de sa main droite repose sur son genou droit, les doigts touchent le coussin de lune, ce qui symbolise sa maîtrise parfaite. Sa main gauche repose dans son giron dans le geste de la méditation, tenant un bol rempli de nectar, remède pour guérir nos états d'esprit perturbés et autres interférences.

Le visage du Bouddha est très beau. Son regard souriant et compatissant est orienté vers nous et, simultanément, vers chaque autre être vivant. Ressentons qu'il n'a ni pensée critique, ni jugement et qu'il nous accepte simplement tels que nous sommes. Ses yeux sont longs et étroits. Ses lèvres sont rouge-cerise et les lobes de ses oreilles sont longs. Sa chevelure est noire à reflet bleu et chaque cheveu est individuellement bouclé vers la droite et indépendant des autres. Chaque particularité de son apparence représente un attribut de son esprit omniscient.

Des rayons de lumières émanent de chaque pore du corps pur du Bouddha et touchent chaque recoin de l'univers. Ces rayons sont en fait composés d'innombrables bouddhas miniatures, certains partant aider les êtres, d'autres revenant se dissoudre en lui, une fois leur tâche accomplie.

Purification

Ressentons la présence vivante du Bouddha et prenons refuge en lui en nous remémorant ses qualités parfaites, sa volonté et sa

capacité à nous aider. Faisons une requête sincère pour recevoir ses bénédictions, afin de nous aider à nous libérer de toute notre énergie négative, de nos idées fausses, de nos autres problèmes et d'obtenir toutes les réalisations de la voie vers l'Eveil.

Notre requête est acceptée. Un flot de lumière blanche purificatrice, de la nature de l'esprit éveillé, s'écoule du cœur du Bouddha et entre dans notre corps par le sommet de la tête. Tout comme l'obscurité dans une pièce est instantanément dissipée dès que la lumière est allumée, de même, l'obscurité de notre énergie négative se dissipe au contact de cette lumière blanche rayonnante.

Alors qu'elle coule en nous, remplissant complètement notre corps, récitons la prière suivante, trois fois :

Au Maître et fondateur, destructeur transcendant, Ainsi allé, destructeur de l'ennemi,
Etre pleinement éveillé, complètement parfait,
Conquérant glorieux, Victorieux du clan des Shakya,
Je rends hommage, je présente des offrandes,
Et en vous je prends refuge.
Accordez-moi, je vous prie, vos bénédictions.

Récitons maintenant le mantra du Bouddha :

Tayata om mouni mouni maha mounayé soha

Répétons-le à voix haute, ou chantons-le, au moins sept fois, puis récitons le à voix basse pendant quelques minutes.

Quand notre récitation est terminée, sentons que notre énergie négative, nos problèmes et obscurcissements subtils ont été complètement purifiés. Notre corps ressent béatitude et légèreté. Concentrons-nous un moment sur cela.

Recevoir une force inspirante

Visualisons qu'un flot de lumière dorée descend du cœur du Bouddha et s'écoule dans notre corps par le sommet de notre tête. L'essence de cette lumière représente les qualités excellentes de son corps, de sa parole et de son esprit purs.

Il peut transformer son corps en différentes formes, animées et inanimées, pour aider les êtres selon leurs besoins individuels et leur état d'esprit particulier. Par sa parole, il peut communiquer simultanément différents aspects du dharma à des êtres de divers niveaux de développement, et être compris par eux dans leur langue respective.

Son esprit omniscient voit clairement chaque atome d'existence et chaque événement du passé, du présent et du futur et connaît les pensées de chaque être : telle est sa vision à chaque instant.

Ces excellentes qualités infinies s'écoulent dans toutes les parties de notre corps. Concentrons-nous sur cette expérience de béatitude en répétant, à nouveau, le mantra *Tayata om mouni mouni maha mounayé soha.*

Lorsque notre récitation est terminée, nous avons le sentiment d'avoir reçu les excellentes qualités infinies du corps, de la parole et de l'esprit du Bouddha. Notre corps se sent léger et bienheureux. Concentrons-nous un moment sur cela.

Absorption de la visualisation

Visualisons maintenant que les huit lions des neiges s'absorbent dans le trône, le trône dans le lotus et le lotus dans le soleil et la lune. Ils s'absorbent, à leur tour, dans le Bouddha qui vient à présent dans l'espace au-dessus de notre tête, se fond en lumière et se dissout dans notre corps.

Notre sentiment ordinaire du « je » -indigne et accablé de défauts- et toutes nos autres conceptions erronées disparaissent complètement. A cet instant, nous devenons un avec l'esprit bienheureux et omniscient du Bouddha sous l'aspect d'un vaste espace vide.

Concentrons-nous sur cette expérience aussi longtemps que possible, ne permettant à aucune autre pensée de nous distraire.

Puis, imaginons que de cet espace vide apparaissent, à l'endroit où nous sommes assis, le trône, le lotus, le soleil, la lune et dessus, nous-mêmes sous la forme du Bouddha. Tout est de la nature de la lumière, exactement comme nous l'avons visualisé auparavant en face de nous. Sentons que nous sommes le Bouddha. Identifions-nous à sa sagesse et à sa compassion éveillées et non plus à la vision habituelle incorrecte de nous-mêmes.

Nous entourant dans toutes les directions et emplissant tout l'espace, se trouvent tous les êtres. Engendrons l'amour et la compassion à leur égard en nous rappelant qu'eux aussi veulent obtenir le bonheur, la paix de l'esprit et être libérés de tous les problèmes. Maintenant que nous sommes éveillés, nous pouvons les aider.

Dans notre cœur se trouvent le lotus et la lune. Dressées sur la périphérie de la lune, dans le sens des aiguilles d'une montre, sont les syllabes du mantra *Tayata om mouni mouni maha mounayé soha.* Au centre de la lune se tient la syllabe-germe *Moum.*

Visualisons que des rayons de lumière -en fait notre sagesse et notre compassion- sont émis de chacune des lettres et se répandent dans toutes les directions. Ils touchent les innombrables êtres qui nous entourent, les purifient complètement de leurs obscurcissements et de leurs émotions perturbatrices et les remplissent d'inspiration et de force.

Tout en imaginant cela, récitons à nouveau le mantra :

Tayata om mouni mouni maha mounayé soha.

Une fois la récitation terminée, pensons : « Maintenant j'ai conduit tous les êtres à l'Eveil, complétant ainsi l'objectif de ma méditation. »

Visualisons que tous ceux qui nous entourent sont, à présent, sous la forme du Bouddha et expérimentent une félicité totale ainsi que la sagesse de la vacuité.

Nous ne devrions pas nous inquiéter du fait que notre méditation n'est qu'une simulation et que nous n'avons aidé même pas une seule personne à atteindre l'Eveil. Cette pratique connue en sa qualité d'amener le résultat futur sur le chemin présent est une cause puissante pour notre propre Eveil. Elle nous permet de développer une conviction ferme en notre perfection innée, notre potentiel de bouddha ; ce que nous venons de faire dans la méditation, nous l'accomplirons, sans aucun doute, un jour.

Concluons la session en dédiant toute l'énergie positive et la compréhension que nous avons obtenues par cette méditation, à notre réalisation ultime de l'Eveil pour le bien de tous les êtres.

6. Méditation sur la Chaleur Intérieure

Cette méditation est une méthode du Vajrayana particulièrement puissante pour capter et utiliser habilement notre énergie mentale de béatitude innée.

Il existe une relation intime entre notre esprit et le système nerveux subtil. L'énergie mentale circule dans le corps par un système nerveux psychique composé de milliers de canaux subtils, fins et transparents. Les principaux -connus comme le canal central, celui de droite et celui de gauche- sont parallèles à la colonne vertébrale et se trouvent juste devant celle-ci. L'énergie mentale pure ne peut fonctionner qu'à l'intérieur du canal central, alors que l'énergie perturbée circule dans tous les autres canaux.

En ce moment, notre canal central est bloqué par des nœuds d'énergie négative, tels la colère, la jalousie, le désir, l'orgueil etc., à des points ou centres (*Skt. Chakra*) correspondants à la base de la colonne vertébrale, au nombril, au cœur, à la gorge et au sommet de la tête. Dans la mesure où cette énergie perturbée est active, l'énergie pure de l'esprit est neutralisée et incapable de fonctionner. Rappelons-nous, par exemple, la tension physique et mentale prodigieuse créée par un désir ou une forte colère ; il n'y a aucun espace pour le calme et la clarté.

La méditation de la chaleur intérieure est une méthode excellente pour transformer cette énergie puissante et développer un contrôle spontané sur toutes nos actions du corps, de la parole et de l'esprit. La simple suppression de l'attachement, de la colère et d'autres émotions ne les élimine pas, elle les aggrave. La solution est de littéralement transformer cette énergie qui, par nature, n'est ni bonne ni mauvaise, en une énergie de béatitude circulant librement.

Une pratique habile de la méditation nous montrera que nous sommes capables de bonheur et de satisfaction sans devoir nous en remettre à des objets externes, ce qui est une idée inconcevable pour la plupart d'entre nous.

Cette pratique nous aide dans notre développement de la concentration en un point. Normalement, notre esprit insatisfait erre irrésistiblement, poussé de-ci de-là par la force de l'énergie perturbée dans nos canaux psychiques ; pourtant, si nous pouvions faire une expérience de félicité, suffisamment agréable pour nous y concentrer, nous n'aurions simplement plus envie de chercher ailleurs.

La pratique

Asseyons-nous confortablement à notre emplacement de méditation et générons une motivation positive forte pour entreprendre cette pratique du feu intérieur. Soyons déterminés à garder notre esprit détendu, concentré et libre d'attentes pendant toute la session.

Commençons par visualiser le canal central comme un tube creux et transparent, au diamètre de la largeur d'un doigt. Il est droit, passe par le centre du corps, juste devant la colonne vertébrale, et descend du sommet de notre tête jusqu'à la base de notre colonne.

Puis, visualisons les canaux latéraux, à droite et à gauche, légèrement plus fins que le canal central. Ils partent respectivement des narines droite et gauche, remontent vers le sommet de la tête où ils se courbent pour descendre de chaque côté du canal central. Ils se recourbent vers l'intérieur et se joignent au canal central à un point qui se trouve à une distance d'environ quatre doigts sous le niveau du nombril.

Prenons le temps que nous voulons pour mettre en place cette visualisation. Une fois qu'elle est stable, imaginons une braise rouge, brûlante de la taille d'une toute petite graine, à l'intérieur du canal central au niveau du nombril. Pour renforcer cette visualisation, imaginons que nous arrivons dans un feu, en sortons une minuscule braise rougeoyante et que nous la plaçons dans notre canal central. Une fois qu'elle est installée, ressentons vraiment sa chaleur intense.

Maintenant, pour accroître la chaleur, contractons doucement les muscles de la base du pelvis, en nous concentrant plutôt sur les muscles internes qu'externes, et remontons ainsi l'énergie-air du chakra le plus inférieur vers la braise.

Puis, inspirons doucement mais pleinement, par les deux narines. L'air descend des narines par les canaux de droite et de gauche jusqu'au point où ils rejoignent le canal central, juste sous le niveau du nombril. L'air y rejoint la chaleur et l'énergie provenant du bas.

Lorsque nous arrêtons d'inspirer, déglutissons immédiatement et à l'aide de notre diaphragme poussons doucement vers le bas, afin de comprimer fermement l'énergie amenée du haut vers le bas : à présent l'énergie-air est complètement bloquée, comprimée par en haut et par en bas.

Retenons alors notre respiration aussi longtemps que nous sommes à l'aise. Concentrons-nous entièrement sur la braise dans la zone du nombril, dont la chaleur s'accroît et se répand suite à la compression de l'énergie-air.

Quand nous sommes prêts, relâchons nos muscles légèrement tendus et expirons doucement et entièrement. Même si l'air sort par les narines, visualisons qu'il monte par le canal central et s'y dissout. La chaleur émise par la braise brûlante au nombril continue à s'accroître et à se répandre et commence à détruire les blocages de chaque chakra et à activer également la concentration de l'énergie de béatitude argentée que l'on trouve au chakra du sommet de la tête.

Toutefois, le point central de notre concentration est toujours la chaleur de la braise brûlante dans la zone du nombril.

Une fois que notre première expiration est complète, contractons de nouveau les muscles inférieurs, inspirons une seconde fois, déglutissons, et avec le diaphragme, poussons vers le bas, comprimant ainsi l'air une nouvelle fois et intensifiant la chaleur. Retenons notre respiration et concentrons-nous sur la chaleur, puis expirons, en libérant l'air qui s'élève à nouveau dans le canal central.

Répétons le cycle entier de façon rythmique sept fois en tout, l'intensité de la chaleur s'accroissant à chaque respiration.

A la septième expiration, imaginons que la braise brûlante explose en flammes. Elles sont propulsées dans le canal central, consument et purifient complètement l'énergie perturbée de chaque chakra. Finalement, les flammes se fondent au sommet de la tête et libèrent l'énergie de béatitude argentée qui se déverse le long du canal central purifié, apportant un plaisir croissant à chacun des chakras qu'elle franchit. En fin de compte, lorsqu'elle rencontre la braise ardente au chakra du nombril, il se produit une explosion de béatitude. Cette chaleur de félicité s'écoule dans tous les atomes et les cellules de notre corps, nous remplit complètement et rend notre esprit heureux.

Concentrons-nous sur ce plaisir sans tension ni attente; sans nous y accrocher ni l'analyser. Détendons-nous simplement et jouissons-en.

Nous remarquerons que, peu importe la force de notre plaisir, notre esprit et notre corps sont calmes et contrôlés, contrairement à nos expériences physiques habituelles de plaisir quand l'esprit est excité et incontrôlé.

S'il arrive que notre esprit s'écarte de sa concentration vers d'autres objets -le passé ou le futur, des objets d'attachement ou d'aversion- fixons notre attention sur le sujet de la pensée, l'esprit qui perçoit l'objet de distraction, le penseur. Observons le sujet jusqu'à ce que la pensée qui empêche la concentration disparaisse, puis concentrons-nous, à nouveau, sur la sensation de béatitude.

Analyse de la sensation

Ayant atteint l'état de clarté, il est bon de l'utiliser pour découvrir la nature de notre esprit. Après nous être concentrés sur notre sensation et nous y être absorbés un moment, analysons-la en contemplant chacune des questions suivantes. Faisons-le aussi longtemps que nous le désirons.

La sensation est-elle permanente ou impermanente ? Comment ? Pourquoi ?

La sensation est-elle plaisante ou douloureuse ? Comment ? Pourquoi ?

La sensation est-elle liée ou non au système nerveux et à l'esprit ? Comment ? Pourquoi ?

La sensation existe-t-elle intrinsèquement, de son propre côté, sans dépendre de rien d'autre, ou non ? Comment ? Pourquoi ?

Examinons chaque point, sous tous les angles. Terminons la session en récapitulant notre conclusion, puis dédions toute énergie positive et toute compréhension obtenues pendant la méditation à notre Eveil rapide pour le bien de tous les êtres.

VI. *P*RATIQUES DE *D*ÉVOTION

A Propos de la Dévotion

Certaines personnes éprouvent un malaise face au concept de la dévotion car elles l'assimilent à une foi aveugle et une soumission idiote. Mais il ne s'agit pas là d'une dévotion correcte. La dévotion est en fait, une attitude très positive : être dévoué à sa famille, ses amis ou son travail, c'est avoir de l'amour, être attentionné et responsable. De ce point de vue, cela signifie aller au-delà de nos pensées et préoccupations égocentriques habituelles et étriquées et consacrer notre énergie aux autres.

Bien sûr, si notre dévotion n'est pas bien fondée ou si son objet n'est pas fiable, nous ne serons que déçus et éprouverons doute et ressentiment. Mais, si elle s'appuie sur une compréhension claire et correcte et si l'objet de cette dévotion n'est pas de nature à nous décevoir, l'expérience sera riche et fructueuse.

Dans le Bouddhisme, la dévotion est associée au *refuge*, le premier pas sur la voie vers la libération et l'Eveil. Le refuge est l'attitude qui consiste à s'en remettre à ou à se tourner vers ce qui peut nous guider et nous aider. Normalement, nous prenons refuge en nos amis pour l'amour et la sécurité, dans la nourriture et le divertissement quand nous avons faim et nous ennuyons, etc. Mais de telles sources extérieures de refuge ne peuvent satisfaire que temporairement nos besoins car elles sont impermanentes et peu fiables, tout comme le bonheur qu'elles apportent.

Le refuge bouddhique, d'un autre côté, implique la découverte et l'utilisation du potentiel illimité qui se trouve en chacun de nous. Le refuge comporte deux aspects, extérieur et intérieur. Le refuge extérieur consiste à apprécier et à se fier aux *Trois Joyaux* : le *Bouddha*, le *Dharma* et le *Sangha*. Le mot *Bouddha* fait référence à l'état d'Eveil lui-même, c'est-à-dire l'élimination de toutes les qualités négatives et l'accomplissement de tout le positif, mais aussi à ceux qui ont atteint l'Eveil. Le refuge dans le Bouddha signifie ouvrir notre cœur à l'amour et à la sagesse offerts par ces êtres et accepter qu'ils soient nos guides sur la voie spirituelle.

Le mot *Dharma* fait référence à la sagesse, c'est-à-dire les réalisations qui comprennent les étapes progressives de la voie vers l'Eveil. Le sens littéral du terme sanskrit *Dharma* est « tenir ou maintenir » et il inclut toute méthode qui nous empêche de céder aux problèmes et nous en protège. Les enseignements du Bouddha sont reconnus comme Dharma parce qu'ils proviennent de son expérience même de l'élimination de toute trace de confusion et d'énergie négative de son esprit. Le refuge dans le Dharma veut dire pratiquer les méthodes prescrites, aspirer à éveiller en nous-mêmes la sagesse découverte par chaque être éveillé.

Le mot *Sangha* fait référence à la communauté spirituelle, ceux qui ont de la sagesse, nous inspirent et nous soutiennent. Le Bouddha et le Dharma nous procurent la base de notre pratique, mais le Sangha fournit l'aide dont nous avons besoin pour que la pratique fonctionne effectivement. Discuter avec des amis qui pensent comme nous, par exemple, peut nous apporter des réponses aux questions et des solutions aux problèmes ; méditer ensemble nous donne de la force et nous encourage ; une communauté de méditants offre un havre de paix à l'abri de la folie de la vie urbaine. Le refuge dans le Sangha veut dire respecter de tels amis et accepter leur aide.

Le refuge intérieur, c'est le refuge en nous-mêmes, en notre potentiel ultime. Les trois objets de refuge ont leur contrepartie interne : le Bouddha intérieur est la graine de l'Eveil qui se trouve dans l'esprit de chaque être, sans exception ; le Dharma intérieur est notre sagesse naturelle qui peut distinguer le vrai du faux ; le Sangha intérieur est le guide que nous pouvons être pour les autres et l'inspiration que nous pouvons leur procurer. En tant qu'êtres humains, nous avons le potentiel de développer un amour, une compassion et une sagesse illimités et de nous libérer nous-mêmes de toute énergie négative, en d'autres termes, d'atteindre le même niveau que le Bouddha.

D'habitude, nous trouvons difficile d'éprouver de bons sentiments envers nous-mêmes et d'avoir confiance dans notre propre potentiel et nous prenons plutôt refuge dans des choses extérieures. Imaginons simplement l'ennui, le malaise et les tours que l'esprit nous jouerait si nous étions complètement seuls pour une journée, ou même une heure, coupés des gens, des livres, de la télévision et de tout moyen externe pour nous occuper ! Nous ne pouvons pas concevoir de vivre sans objets sensoriels, sans le monde extérieur. Toutefois, il est possible d'être complètement satisfaits et heureux, quelle que soit la situation, en nous en remettant uniquement à nos ressources intérieures. Les objets externes de refuge existent pour nous éveiller à ces ressources, à notre Bouddha, Dharma et Sangha intérieurs. Quand nous reconnaissons et nourrissons ce potentiel, nous avons trouvé le véritable sens du refuge.

Le refuge est une étape fondamentale de cette voie spirituelle, et la dévotion en est un composant essentiel. Il ne doit pas être une attitude émotionnelle et ignorante, mais saine et intelligente, basée sur une compréhension claire de ce que sont vraiment le Bouddha, le Dharma et le Sangha et de ce qu'ils peuvent faire pour nous. Nous avons besoin d'aide pour parcourir la voie vers l'éveil intérieur, mais nous devons vérifier soigneusement les qualifications des Maîtres que nous rencontrons et l'efficacité de leurs méthodes. Nous ne devons pas simplement suivre le conseil de quiconque ayant une bonne vibration ou une personnalité charismatique. Il s'agit de faire connaissance avec un Maître ou une voie ; en examinant, réfléchissant, expérimentant, avec honnêteté et sincérité. Tout cela peut prendre un certain temps, mais il est très important de nous assurer que la dévotion que nous cultivons est appropriée et fructueuse, et non pas un gaspillage d'énergie.

Les pratiques présentées dans cette section sont appelées « de dévotion » parce qu'elles impliquent un certain engagement dans la voie bouddhique. Si nous ne ressentons pas un tel engagement, nous pouvons simplement parcourir cette section ou, si nous le dé&sirons, expérimenter ces méthodes.

Le but et les effets psychologiques de chaque pratique sont expliqués aussi clairement que possible ici, mais la saveur réelle ne survient qu'en les faisant, avec compréhension et dévotion.

1. PRIERES

Le succès de tout projet, tel l'escalade d'une montagne, la composition d'un livre ou la confection d'un gâteau, dépend du soin que nous apportons au travail préparatoire. Il en va de même pour la méditation. Une session de méditation réussie dépend principalement de notre état d'esprit, et l'état intérieur adéquat peut être inspiré par la récitation de certaines prières, verbalement ou mentalement, avec compréhension et sincérité.

La prière n'est pas une répétition mécanique de mots mais une ouverture du cœur pour communiquer avec notre nature véritable. Les mots nous rappellent ce que nous essayons d'accomplir et nous aident, en fait, à créer la cause pour que nos prières soient exaucées dans le futur (référez-vous à l'appendice pour la phonétique de ces prières en tibétain).

Prières à réciter au début d'une session de méditation

1. Prière de refuge et de l'esprit d'Eveil.

Je prends refuge jusqu'à l'Eveil
Dans le Bouddha, le Dharma et le Sangha.
Grâce aux mérites accumulés par la pratique de la générosité et des autres perfections,
Puissé-je atteindre la bouddhéité pour le bien de tous les êtres. (3 fois)

2. Les quatre pensées incommensurables

Puissent tous les êtres obtenir le bonheur et les causes du bonheur;
Puissent tous les êtres être libérés de la souffrance et des causes de la souffrance;
Puissent tous les êtres ne jamais être séparés du bonheur qui ne connaît pas la souffrance;
Puissent tous les êtres demeurer dans l'équanimité, libre de l'attachement et de la colère qui les rapproche des uns et les éloigne des autres.

3. Le refuge dans le Maître

Le Maître est le Bouddha, le Maître est le Dharma,
Le Maître est également le Sangha;
Le Maître est le créateur de tout bonheur :
En tous les Maîtres, je prends refuge. (3 fois)

4. Les sept branches

Respectueusement, je me prosterne avec mon corps, ma parole et mon esprit
Et je présente des nuées de toutes sortes d'offrandes réelles et imaginées.
Je révèle toutes mes actions négatives accumulées depuis des temps sans commencement
Et je me réjouis des mérites de tous les êtres saints et ordinaires.
Demeurez, je vous prie, jusqu'à la fin du samsara
Et tournez la roue du Dharma pour les êtres.
Je dédie les mérites créés par moi-même et par les autres à l'Eveil Suprême.

5. L'offrande du mandala

Long mandala

Om base indestructible ah houm !
La très puissante base en or

Om mur indestructible ah houm !
A l'extérieur, une muraille en ceint le pourtour.
Au centre le mont Mérou, la montagne souveraine,
A l'est : le continent du Corps Noble,
Au sud : le continent du Fruit Djambou,
A l'ouest : le continent qui Jouit de Troupeaux,
Au nord : le continent de la Voix Déplaisante.
Les sous continents de la Terre du Corps Noble,
Queue de Yak et autre îles de Queue de Yak,
En Marche et Voyage sur la Voie Suprême (îles),
Voix Déplaisante et Lune de Voix Déplaisante (îles).
A l'est la précieuse montagne,
Au sud l'arbre exauçant tous les souhaits,
A l'ouest la vache miraculeuse,
Au nord la moisson sans semailles.
La précieuse roue, le précieux joyau, la précieuse reine, le précieux ministre, le précieux éléphant, le précieux cheval, le précieux général et le vase aux richesses inépuisables.
Les déesses de la beauté, des guirlandes, du chant, de la danse, des fleurs, de l'encens, de la lumière et des parfums.Le soleil, la lune, le précieux parasol et la bannière de victoire en toutes directions.
Au centre, tous les trésors des dieux et des humains.
Ce monde magnifique et attrayant où rien ne manque, je vous l'offre ô Maître-racine plein de bonté et à vous aussi saints et glorieux Maîtres de la lignée, et tout particulièrement à vous Bouddha Shakyamouni ainsi qu'à la multitude de déités vous entourant.
Par compassion acceptez-le pour le bien de tous les êtres, et avec votre grande affection puissions-nous ainsi, moi et toutes mes mères, l'infinité des êtres transmigrants, recevoir vos bénédictions.
Je vous envoie ce mandala de joyaux, O Maître précieux.

Mandala court

Cette terre ointe de parfum, jonchée de fleurs,
Ornée du Mont Mérou, des quatre continents, du soleil et de la lune.
Je la visualise comme un champ de bouddhas et je l'offre.
Puissent tous les êtres jouir de cette terre pure.
Je vous envoie ce mandala de joyaux, O Maître précieux.

Mandala intérieur

Sans aucun sentiment de perte, j'offre les objets
De mon attachement de mon aversion et de mon ignorance
-amis, ennemis et étrangers-
Mon corps, ma richesse et mon bien-être.
Acceptez-les avec plaisir, je vous prie
Et bénissez-moi pour me libérer des trois poisons.

Prières à réciter à la fin de la session de méditation

6. Dédicace des mérites

Grâce à ces actions vertueuses
Puissé-je rapidement obtenir l'état d'un Maître-Bouddha
Et mener tous les êtres, sans exception,
Dans cette terre pure.

7. Prière de l'esprit d'Eveil

Puisse l'esprit d'Eveil précieux et suprême
Naître là où il n'est pas né,
Ne pas dégénérer là où il est déjà apparu,
Mais s'accroître de plus en plus.

2. Explications des Prieres

1. Prière de refuge et de l'esprit d'Eveil (*Skt. Bodhicitta*)

Cette prière exprime l'intention bénéfique la plus positive que l'on puisse avoir pour s'engager dans l'étude ou la méditation sur la voie vers l'Eveil.

La première partie de la prière traite du *refuge*, l'attitude de se tourner vers le Bouddha, le Dharma et le Sangha pour des conseils et de l'aide (p. 163). Souvenons-nous des deux aspects du refuge, extérieur et intérieur, et soyons persuadés que la graine de l'Eveil se trouve dans notre propre esprit.

La seconde partie de la prière concerne la production de *l'esprit d'Eveil* (*Skt. Bodhicitta*), l'esprit tourné vers l'Eveil. L'esprit d'Eveil fondé sur un amour et une compassion purs pour tous les êtres, est la détermination dévouée de devenir un bouddha uniquement pour aider les autres à atteindre l'Eveil eux aussi.

La voie d'une personne liée à l'Eveil, d'un bodhisattva, implique le développement des *six perfections* (*Skt. Paramita*) : la générosité, la discipline morale, la patience, l'effort joyeux, la concentration et la sagesse. Ces six perfections pratiquées avec la motivation d'aider les autres à atteindre l'Eveil, procurent l'engrais qui favorise la croissance de la graine de l'Eveil dans notre propre esprit. Le développement graduel de chaque perfection érode progressivement nos négativités pour faire place à la sagesse qui a une compréhension juste de la réalité.

Quoi que nous fassions -méditer, manger, dormir ou travailler- devient automatiquement une cause pour l'Eveil, si cela est fait avec la pensée de Bodhicitta.

Le refuge et l'esprit d'Eveil donnent vie et sens à nos méditations. Nous pouvons réciter la prière trois fois avant chaque session et c'est encore mieux si nous pouvons visualiser le Bouddha devant nous (p. 145), en le voyant comme l'incarnation des qualités que nous essayons de développer en nous.

2. Les quatre pensées incommensurables

Les quatre pensées exprimées dans cette prière sont appelées incommensurables parce qu'elles s'étendent à tous les êtres qui se trouvent dans l'univers infini. La première est *l'amour incommensurable* : le désir que tous les êtres soient heureux. La seconde est l*a compassion incommensurable* : le désir que tous les êtres soient libérés de la souffrance. La troisième est *la joie incommensurable* : le désir que tous les êtres fassent l'expérience du bonheur ultime qui est éternel. La quatrième *l'équanimité incommensurable* : le désir que tous les êtres soient affranchis de l'attachement et de l'aversion qui les poussent à faire des distinctions entre amis, ennemis et inconnus.

Chaque ligne de la prière est une méditation en elle-même et sa récitation sincère crée la cause pour le développement de notre conscience universelle et de notre intérêt pour les autres.

3. Refuge dans le Maître

Il existe d'innombrables êtres qui ont atteint l'Eveil, et ces bouddhas aident activement tous les êtres. Ils le font le plus efficacement en nous instruisant dans la connaissance et les techniques de la voie vers l'Eveil. A cause de nos obscurcissements, nous sommes incapables de percevoir directement les êtres éveillés, ils nous contactent donc par l'intermédiaire des Maîtres spirituels (*Skt. Gourou - Tib. Lama*). En reconnaissant que nos Maîtres font un avec les bouddhas, nous sommes capables d'établir un contact direct avec l'état d'Eveil et finalement de le réaliser nous-mêmes. Cette pratique connue sous le nom de *yoga du Maître*, est la méthode essentielle pour réaliser la voie complète vers l'Eveil.

Dans cette prière, nous identifions le Maître avec les trois objets de refuge, en reconnaissant que sans le Maître il n'y aurait ni Bouddha, ni Dharma, ni Sangha et, en conséquence, pas de vrai bonheur.

4. Les sept branches

Manjoushri, le bouddha de la sagesse, a donné un jour un conseil à Djé Tsongkhapa sur la manière d'atteindre des réalisations. Il conseille la pratique simultanée de trois choses :

- prier sincèrement le Maître en le (la) voyant comme indissociable de la déité de méditation ;
- purifier l'esprit des empreintes négatives et accumuler du mérite, c'est-à-dire de l'énergie positive et une compréhension juste ;
- méditer sur les sujets que l'on veut réaliser.

Cultiver ces trois choses crée les causes et conditions correctes pour réaliser dans notre esprit les différentes étapes de la voie vers l'Eveil.

La seconde pratique qui consiste à purifier les empreintes négatives et à accumuler de l'énergie positive et une compréhension juste, est accomplie avec le plus de succès par la pratique des Sept Branches. Tout comme le corps a besoin de ses quatre membres pour être un corps entier, toute pratique de méditation a besoin de ses sept branches pour être complète.

Chaque branche peut être pratiquée de manière extensive ; elles sont, toutefois, résumées dans la Prière des Sept Branches.

1. Les prosternations : Se prosterner est un moyen de manifester du respect et de l'estime envers le Bouddha, le Dharma et le Sangha, et un procédé puissant pour purifier les négativités, particulièrement l'orgueil qui empêche directement le développement de notre sagesse. Il existe trois manières de faire des prosternations : physiquement, verbalement et mentalement.

Les prosternations physiques peuvent se faire de plusieurs manières. La méthode la plus commune parmi les bouddhistes tibétains est la suivante :

Commençons par une position debout, ensuite avec les deux mains jointes touchons le sommet de la tête, du front, de la gorge et du cœur puis agenouillons-nous en posant nos mains par terre, touchons le sol avec notre front et relevons-nous.

Pour faire une grande prosternation, plus efficace pour la purification de l'énergie négative : avec les deux mains jointes, touchons de nouveau le sommet de la tête, le front, la gorge et le cœur, agenouillons-nous en posant nos mains par terre, puis allongeons notre corps tout entier sur le sol, le visage vers le bas, en étirant nos deux bras devant nous. (Il serait préférable que quelqu'un fasse une démonstration afin que nous puissions voir la façon correcte de les faire).

La prosternation verbale est la récitation de louanges aux objets de refuge.

La prosternation mentale est le respect, la foi et la confiance dans les trois objets de refuge qui accompagnent la prosternation physique et verbale. Cette attitude mentale est l'essence de la pratique; sa profondeur et sa sincérité déterminent la puissance des prosternations.

2. Les offrandes : Nous sommes enchantés de faire des cadeaux à nos amis et de partager des expériences agréables avec eux. Du point de vue spirituel, nous offrons de beaux objets, des pensées et des actions positives et la pure expérience de félicité à nos objets de refuge. Faire des offrandes est un antidote puissant à l'égoïsme et à l'attachement et un moyen important d'accumuler de l'énergie positive essentielle au développement de notre sagesse.

Les offrandes réelles, mentionnées dans la prière, sont celles offertes matériellement (qui se trouvent sur l'autel, par exemple) aux objets de refuge, alors que les offrandes transformées mentalement, sont celles que nous visualisons. L'essence de toute action, ce qui en détermine sa valeur, c'est l'état desprit qui l'accompagne au moment où elle est accomplie. Des objets simples et insignifiants peuvent être visualisés et offerts comme les plus magnifiques paysages, sons, saveurs, odeurs et choses tangibles qu'on puisse imaginer ; le bienfait d'une telle offrande est immense.

On raconte qu'un jour, un jeune garçon offrit avec respect un bol de poussière au Bouddha mais en le visualisant comme de l'or. Plus tard, principalement, en résultat du mérite de cette offrande, il prit renaissance comme le grand roi indien Ashoka.

Les offrandes mentalement transformées peuvent être faites à tout moment : quel que soit l'objet plaisant ou beau que nous rencontrons, nous pouvons dans notre cœur l'offrir aux objets de refuge et nous pouvons consacrer le mérite accumulé à notre obtention de l'Eveil pour le bien de tous les êtres. Ainsi, nous pouvons continuellement accumuler les causes pour l'Eveil tout en nous adonnant aux activités de notre vie quotidienne.

3. La confession : Les actions du corps, de la parole et de l'esprit motivées par les émotions conflictuelles comme l'attachement, l'aversion, la confusion, la jalousie, l'orgueil, etc., sont des actions négatives ou peu habiles parce qu'elles conduisent au malheur futur et nous maintiennent dans l'existence cyclique. Toutefois, elles peuvent être rectifiées, et le résultat de leurs empreintes sur l'esprit peut être purifié par la pratique de la confession.

Cette pratique, en grande partie intérieure, comporte quatre étapes, qui sont les quatre forces curatives ou antidotes. La réussite de notre purification se mesure par la force et la sincérité de notre pratique de ces quatre forces.

La force du regret : C'est l'attitude, tout d'abord, de reconnaître nos actions négatives et maladroites puis de les regretter, car nous voyons qu'elles vont occasionner dans le futur, de la souffrance, pour nous-mêmes et pour les autres. Le regret n'est pas semblable à la culpabilité qui implique de la peur et de l'anxiété négatives ; c'est plutôt une reconnaissance intelligente et honnête de la nature de nos actions et de leurs résultats.

La force du support : Lorsque nous tombons sur le sol cela nous fait mal, mais nous devons aussi nous appuyer sur lui pour nous relever. De la même manière, puisque la plupart des actions négatives que nous créons ont pour objet les Trois Joyaux ou d'autres êtres, nous nous en remettons à ces mêmes objets pour éviter la souffrance qui résulte de ces actions. Ainsi, la force du support consiste à prendre refuge dans le Bouddha, le Dharma et le Sangha et à régénérer notre esprit d'Eveil.

La force du remède : La troisième étape du processus de purification est la pratique d'actions positives telles que l'offrande, les prosternations, la récitation de mantras et la méditation, particulièrement sur la vacuité, qui contrecarrent la force des actions négatives antérieures.

La force de la promesse : La ferme détermination de ne plus recommencer les mêmes actions négatives dans le futur constitue l'étape finale. Il est évidemment plus facile d'éviter certaines actions que d'autres ; il est peut-être réaliste de promettre de ne jamais plus tuer, mais il ne serait pas réaliste de promettre de ne jamais plus nous mettre en colère, par exemple. Dans de tels cas, il serait préférable de promettre de ne pas agir ainsi pendant une heure ou une journée, puis détendre cette période graduellement au fur et à mesure que nous apprenons à mieux contrôler notre esprit.

La détermination est essentielle pour notre réussite dans toute entreprise et surtout dans nos efforts pour dompter l'esprit.

4. La réjouissance : Se réjouir du bien-être des autres est un puissant antidote à la jalousie et au ressentiment qui sont souvent nos réactions à la réussite ou au bonheur d'autrui. La jalousie est un état d'esprit tendu, malheureux qui ne peut pas supporter le bonheur des autres; la joie, elle, est un état d'esprit léger et ouvert, c'est une réaction affectueuse qui nous permet de partager leur bonheur. Le bénéfice est alors immédiat et nous créons ainsi la cause pour expérimenter, nous-mêmes, le bonheur dans le futur.

Nous pouvons nous réjouir à tout moment, n'importe où, sans avoir besoin d'être assis en méditation. C'est l'une des méthodes les plus faciles et les plus indispensables pour transformer l'esprit.

5. Demander aux bouddhas de ne pas disparaître : Bien que les bouddhas existent toujours et travaillent continuellement pour aider les êtres, nous pouvons nous relier à eux seulement si nous créons les causes appropriées. C'est principalement pour notre propre bénéfice que nous leur faisons la requête de rester dans ce monde et de nous guider : cela purifie notre esprit des actions négatives commises dans le passé envers les Maîtres et les bouddhas, nous aide à ouvrir notre esprit et à apprécier vraiment leur soutien et l'inspiration qu'ils nous donnent. Demander aux bouddhas de rester crée également la cause pour que nous vivions longtemps.

6. Demander aux bouddhas de tourner la roue du Dharma : Faire la requête aux bouddhas d'enseigner la voie vers l'Eveil renforce notre estime pour le Dharma et contrecarre des attitudes antérieures d'irrespect à l'égard des enseignements spirituels. Cela pose, plus particulièrement, les fondations pour ne jamais être séparés de Maîtres qui peuvent nous guider spirituellement et pour que les enseignements soient toujours disponibles.

7. La dédicace : Il est très important, au début de toute méditation ou de toute autre action positive, d'avoir une compréhension claire de notre motivation; il est également important de conclure l'action en dédiant les mérites -la bonne énergie et la compréhension-, que nous avons créés. Nous réalisons cela en nous souvenant de notre motivation initiale, en renouvelant notre aspiration à atteindre un certain but et en envoyant nos mérites dans cette direction. La motivation et la dédicace garantissent que notre énergie positive n'est pas perdue et que les résultats surviendront. Sinon, aucune empreinte ferme n'est posée sur l'esprit et tout bien accompli pourrait facilement être détruit par la colère ou d'autres actions négatives.

La meilleure dédicace est de prier pour que la méditation ou l'action que nous venons juste de faire, devienne une cause de notre Eveil, pour le bien de tous les êtres.

5. L'offrande du mandala :

L'offrande du mandala implique que nous transformions mentalement tout l'univers -tout ce qui existe- en un royaume pur pour l'offrir aux objets de refuge. Le but principal de cette pratique est d'accumuler les mérites nécessaires au développement de la compréhension et de la sagesse.

Des graines permettant notre croissance sur la voie vers l'Eveil sont plantées dans notre esprit par l'écoute ou la lecture des enseignements. Ces graines ont besoin de l'engrais des mérites -une énergie positive puissante- pour croître et faire naître la compréhension et les réalisations. L'on dit que l'offrande du mandala est l'un des meilleurs moyens de se procurer cet engrais. Les avantages sont également immédiats, car ce don sincère est un remède à l'attachement et à l'avarice.

La prière est écrite avec des termes provenant de la cosmologie bouddhique (*Skt. Abhidharma*) dans laquelle le Mont Mérou est une montagne de pierreries se trouvant au centre de l'univers et les quatre continents sont des royaumes différents de la vie humaine. Le mandala que nous offrons peut s'accorder avec la cosmologie orientale ou occidentale, selon notre préférence, mais l'essentiel est de *tout* offrir ; tous les mondes différents et les royaumes d'êtres vivants et toutes les belles choses dont nous jouissons.

Visualisons une version miniature de l'univers entier dans l'espace en face de nous, puis transformons-le en un royaume pur. L'environnement et les êtres d'un royaume pur sont beaux à la perfection dans leur totalité et rendent l'esprit paisible et heureux ; utilisons notre imagination pour créer un paradis de félicité.

Les objets impurs engendrent l'attachement, l'irritation et la confusion, alors que les objets purs suscitent des états d'esprit clairs et positifs particulièrement la sagesse qui comprend la réalité, et l'expérience de la grande félicité.

Offrons cette terre pure aux objets de refuge, sans nous accrocher à aucune de ses parties et sentons que notre don est accepté avec amour et suprêmement apprécié.

Le *mandala intérieur* ajoute une autre dimension. Ici, nous amenons à l'esprit les êtres et les choses, y compris notre corps et nos possessions, pour lesquels nous éprouvons attachement, aversion et indifférence. Visualisons ces objets, transformés en objets purs dans le mandala et offrons-les tous aux bouddhas. Après y avoir complètement renoncé, il n'y a alors plus de raison d'éprouver de l'attachement, de l'aversion ou de l'ignorance -les trois poisons- envers une personne ou un objet.

6. Dédicace des mérites et
7. Prière de l'esprit d'Eveil

Voir l'explication de la *dédicace* dans les *Sept Branches* (p. 177).

A la fin d'une session de méditation ou d'une instruction, les mérites engendrés au cours de cette session doivent être dirigés vers un but qui en vaut la peine, dans ce cas, l'Eveil. La récitation de ces deux versets nous rappelle la motivation de l'esprit d'Eveil (*Skt. Bodhicitta*) : l'aspiration de développer amour et compassion pour tous les êtres et d'atteindre l'Eveil afin de les aider. Nos mérites sont ainsi consacrés au bien des autres ; c'est la meilleure dédicace que nous puissions faire.

3. *U*NE *C*OURTE *M*ÉDITATION DE LA *V*OIE *P*ROGRESSIVE VERS L'*E*VEIL

Cette prière composée par l'érudit et yogi tibétain du XIVème siècle, Djé Tsongkhapa, résume les étapes de la voie progressive vers l'Eveil, telle qu'elle a été enseignée par le Bouddha Shakyamouni et clarifiée par Atisha, le pandit indien du XIème siècle.

Le fondement de toute connaissance est le vénérable Maître bienveillant.
Accordez-moi vos bénédictions afin que je réalise que la confiance en lui est la racine de la voie et que je le suive correctement avec une grande dévotion et un effort assidu.

Accordez-moi vos bénédictions afin que je réalise que ce précieux corps humain, doté des libertés, ne se trouve qu'une fois, et que je sois conscient de sa grande valeur et de sa rareté, et produise, nuit et jour, sans interruption, l'esprit qui en extrait l'essence.

Accordez-moi vos bénédictions afin que je réalise que le corps et la vie sont comme une bulle d'eau, que je me souvienne avec quelle rapidité ils dégénèrent et la mort survient, et que

j'acquière une compréhension ferme et inaltérable qu'après la mort, je dois suivre le résultat des actions positives et négatives tout comme l'ombre suit le corps.
Bénissez-moi ainsi, afin que je veille toujours avec attention à éviter la moindre action négative et à compléter l'accumulation de mérite.

Accordez-moi vos bénédictions pour que je comprenne qu'il n'y a pas de satisfaction à jouir des plaisirs de l'existence cyclique et que leur désavantage est de ne pas être fiables.
Bénissez-moi afin que j'engendre l'aspiration profonde à m'efforcer d'obtenir la félicité de la libération.

De cette pensée pure surgissent la mémoire, l'attention et la grande vigilance. La racine des enseignements est de garder les vœux de libération individuelle;
Accordez-moi vos bénédictions afin que j'observe cette pratique essentielle.

Accordez-moi vos bénédictions afin que je perçoive que, tout comme moi-même, tous les êtres mes mères sont plongés dans l'océan de l'existence cyclique et que je puisse m'entraîner au suprême esprit d'Eveil et porter le fardeau de libérer tous les transmigrants.

Accordez-moi vos bénédictions afin que je réalise qu'avec l'esprit d'Eveil seul, je ne pourrai pas atteindre l'Eveil, si je ne mets pas en pratique les trois sortes de moralité grâce à la prise des vœux de bodhisattvas.
Bénissez-moi afin que je puisse m'y consacrer avec un intense effort.

Accordez-moi vos bénédictions afin que je pacifie les distractions induites par des objets trompeurs et que j'accomplisse sans délai la voie menant à l'union de la pacification mentale et de la vue supérieure en analysant la signification de la réalité.

Devenu un réceptacle pur par la pratique de la voie commune, accordez-moi vos bénédictions, afin que je pénètre l'enceinte sacrée des êtres fortunés et m'engage immédiatement sur la voie suprême indestructible.

Accordez-moi vos bénédictions afin que j'acquière la compréhension ferme que la base des deux réalisations réside dans l'observance parfaite de mes promesses et engagements et que je puisse les protéger même au péril de ma vie.

Accordez-moi vos bénédictions pour que je reconnaisse l'importance des deux étapes, le cœur de la voie tantrique.
Bénissez-moi afin que je pratique sans relâche les quatre sessions de méditation et réalise les enseignements des êtres saints.

Puissent les guides vertueux qui me conduisent sur la voie sacrée et les amis spirituels qui la pratiquent avoir une longue vie.
Accordez-moi vos bénédictions afin que je pacifie complètement toutes les interférences externes et internes.

Puissé-je, dans toutes mes renaissances, être toujours uni aux Maîtres parfaits et jouir de la gloire du Dharma, accomplir parfaitement les étapes et les voies et atteindre rapidement l'état de Vajradhara.

4. *L*ES *H*UIT *V*ERSETS ET *A*VALOKITÉSHVARA

« Un esprit bienveillant, un bon cœur et des sentiments chaleureux sont essentiels. Si nous ne possédons pas un tel bon cœur, nous ne pouvons pas fonctionner nous-mêmes, nous ne pouvons pas être heureux et par conséquent notre famille, nos enfants et nos voisins ne le seront pas non plus. Ainsi, de nation en nation et de continent en continent, l'esprit de tout le monde sera perturbé et les êtres ne seront pas heureux.
Mais, si nous avons une attitude juste, un esprit bienveillant, un bon cœur, le contraire est vrai. Ainsi, dans la société humaine, l'amour, la compassion et la bonté sont-elles les choses les plus importantes; elles sont véritablement précieuses. Il est utile de faire un effort pour développer un bon, bon cœur. »

Sa Sainteté le XIVème Dalaï Lama

Avoir un bon cœur signifie avoir de l'amour -vouloir que les autres soient heureux- et de la compassion -vouloir qu'ils soient libérés de la souffrance. Cette manière de penser est la méthode pour réaliser notre propre bonheur et celui des autres. Nous savons cela sans doute, mais pourquoi est-ce si difficile?

L'obstacle principal est notre habitude de penser d'abord à nous-mêmes, notre attitude égocentrique. La plupart du temps nous sommes préoccupés par notre propre bonheur et notre confort, nous essayons de satisfaire nos désirs et nous nous faisons du souci au sujet de nos problèmes. Ce n'est qu'occasionnellement que nous trouvons l'énergie et l'espace de vraiment ouvrir notre cœur aux besoins de quelqu'un d'autre.

C'est « l'auto-chérissement » qui nous motive à prendre la plus grosse part de gâteau, la chaise la plus confortable de la pièce ou à nous placer au début d'une file d'attente ; il nous pousse à conduire notre voiture comme si nous étions seuls sur la route et à agir comme nous en avons envie sans nous soucier de quelle manière cela peut affecter autrui. L'auto-chérissement opère aussi plus subtilement ; il se cache derrière notre irritation, notre orgueil, notre jalousie, notre anxiété et notre dépression. En fait, pratiquement chaque fois que nous sommes malheureux ou mal à l'aise, c'est parce que nous sommes trop concernés par « moi ». Nous croyons que si nous ne prenons pas soin de nous-mêmes, nous ne serons pas heureux. En réalité, c'est exactement l'inverse qui est vrai. L'appétit de l'ego est insatiable ; essayer de satisfaire ses désirs est une tâche sans fin. Peu importe ce que nous avons, l'ego s'agite continuellement et désire toujours davantage. Nous ne parvenons jamais à nous sentir définitivement satisfaits pour pouvoir dire : « maintenant j'en ai eu assez. »

Par contre, si nous pouvons changer notre esprit pour penser aux autres et mettre leurs désirs et leurs besoins au premier plan, nous *trouverons* la paix. Une certaine sérénité provient du fait de chérir sincèrement les autres. En agissant toujours en accord avec ce qui est le moins dérangeant pour les autres, l'ego est progressivement dompté et notre vie ainsi que nos relations avec les autres prennent une dimension nouvelle.

Mais l'attitude de chérir les autres ne se fonde ni sur le mépris de nous-mêmes ni sur le refoulement de nos sentiments. Elle est développée en reconnaissant, petit à petit, que tout le monde a besoin d'amour et désire le bonheur, tout comme nous ; que chaque être dans l'univers fait partie d'une grande famille, que nous dépendons tous les uns des autres, que nul ne peut être considéré comme un « étranger »; que le fait de se chérir soi-même entraîne des problèmes et que chérir les autres amène la paix de l'esprit.

Il n'est pas facile de développer l'amour universel et la compassion, mais dès que nous commençons à essayer de le faire, nous remarquons les changements dans notre vie. Nous devons persévérer et être bons envers nous-mêmes. Parfois, il peut nous sembler que nous ne faisons aucun progrès, mais c'est uniquement parce que notre vigilance est plus profonde, que nous sommes, à présent, plus conscients de notre esprit, de ce qui a toujours été.

Nous devons nous souvenir que pour surmonter les habitudes que nous avons érigées au cours d'une vie, de nombreuses vies en fait, cela prend du temps et demande des efforts.

La tradition du Bouddhisme tibétain comporte de nombreuses pratiques pour améliorer nos attitudes à l'égard des autres. Cette méditation appartient à un ensemble d'enseignements et de pratiques connus sous le nom de *transformation de la pensée*, dont l'intérêt est de transformer l'attitude de se chérir soi-même en celle de chérir autrui. Le but final est le développement de l'esprit d'Eveil (*Skt. Bodhicitta*), l'esprit qui aspire à atteindre l'Eveil pour le bien de tous les êtres.

Cette pratique, composée par Lama Thoubten Zopa Rinpoché, associe une méditation sur Avalokitéshvara, bouddha de la compassion, à une prière en huit versets contenant l'essence de la transformation de la pensée, écrite par un Maître de méditation du XIème siècle, Langri Tangpa Dordjé Séngué.

La pratique

Asseyons-nous confortablement avec un esprit calme et détendu, engendrons une motivation puissante et positive pour cette méditation. Réfléchissons sur les points de la voie progressive vers l'Eveil (p. 181) ou sur ce qui suit :

Il ne suffit pas seulement de m'assurer que j'évite la souffrance dans cette vie et dans les vies futures. Je dois me libérer

complètement de l'existence cyclique, l'interminable cycle de la mort et de la renaissance.
Mais cela aussi est insuffisant. Comment puis-je atteindre la félicité de la libération, en laissant derrière moi tous les autres êtres ? Chaque être sensible a été ma mère, non seulement une fois mais de nombreuses fois dans mes vies précédentes et chacun d'eux a pris soin de moi tout comme le fait ma mère actuelle. (Pensons à la bonté de notre présente mère, à tout ce qu'elle a fait pour nous depuis notre naissance. Pensons que tous les êtres ont été tout aussi bons.)
Tout le bonheur que j'ai déjà connu dépend d'eux. Toute la nourriture que j'ai consommée, les vêtements que j'ai portés, les livres que j'ai lus, le toit sous lequel je vis ; toute la musique, les films et les autres plaisirs dont je jouis me sont donnés grâce à la bonté des autres.
En ce moment, ces êtres bienveillants font l'expérience de la souffrance, et, par ignorance, créent les causes pour des souffrances futures.

Rappelons-nous la vie des êtres que nous connaissons, notre famille, nos amis et nos voisins. De quels problèmes physiques et mentaux font-ils l'expérience ? Tout comme nous ne désirons pas avoir de problèmes et de douleur, eux non plus. Tout comme nous souhaitons trouver le bonheur et la paix de l'esprit, eux aussi. Mais ont-ils une solution ? Connaissent-ils une méthode pour obtenir le bonheur qu'ils désirent et éviter la souffrance dont ils ne veulent pas ?

Faisons naître dans notre esprit la détermination de prendre la responsabilité de libérer tous les êtres de leur souffrance et de les mener à la félicité de l'Eveil. Mais pour accomplir cela nous devons nous-mêmes être éveillés.

L'Eveil n'est pas sans causes ni sans conditions. La cause principale est l'esprit chaleureux et compatissant de Bodhicitta (l'esprit d'Eveil).

C'est pourquoi je dois pratiquer l'enseignement profond de l'entraînement de l'esprit dans la Bodhicitta.

Visualisation :

Visualisons au niveau de notre front, à une longueur de corps de distance, Avalokitéshvara, le bouddha de la compassion. (Si nous avons un Maître spirituel, pensons qu'Avalokitéshvara en est sa manifestation et qu'ils sont inséparables l'un de l'autre.)

Son corps est fait de lumière blanche pure et il irradie des rayons de lumière des cinq couleurs de l'arc-en-ciel : blanche, bleue, rouge, verte et jaune. Son sourire est doux et il nous regarde ainsi que tous les êtres avec les yeux de la plus grande compassion.

Il a quatre bras. Les mains des deux premiers sont jointes à son cœur et tiennent un joyau précieux qui peut exaucer les souhaits de tous les êtres. Son autre main droite tient un rosaire de cristal et la gauche, un lotus blanc. Il est assis dans la posture du vajra sur un lotus et un disque de lune et il est entouré par une aura représentant la pleine lune. Il porte des vêtements de soie raffinée et des ornements de bijoux précieux. Une peau d'antilope recouvre son épaule et sa poitrine gauche. La visualisation tout entière est faite de lumière rayonnante. ***(Voir p. 171 pour les explications des prières).***

Prière en sept branches

Je me prosterne devant vous, Avalokitéshvara,
Et je présente des nuées de toutes sortes d'offrandes réelles et imaginées.
Je révèle toutes mes actions négatives accumulées depuis des temps sans commencement
Et je me réjouis des mérites de tous les êtres saints et ordinaires.
Demeurez, je vous prie, jusqu'à la fin du samsara
Et tournez la roue du Dharma pour les êtres.
Je dédie les mérites créés par moi-même et par les autres à l'Eveil suprême.

Offrande du mandala

Cette terre ointe de parfum, jonchée de fleurs,
Ornée du Mont Mérou, des quatre continents, du soleil et de la lune.

Je la visualise comme un champ de bouddhas et je l'offre.
Puissent tous les êtres jouir de cette terre pure.
Je vous envoie ce mandala de joyaux, O Maître précieux.

Prière de requête

Puisse la vie du Maître être longue.
Puissent tous les êtres de l'espace infini obtenir bonheur et bien-être.
Puissé-je ainsi que tous les autres, sans exception, accumuler des mérites,
Purifier tous les obscurcissements et rapidement atteindre l'Eveil.
Maître précieux, bénissez-moi, je vous prie,
Afin que mon esprit devienne Dharma,
Que mon Dharma devienne la voie,
Qu'il n'y ait pas d'obstacle à la voie,
Que je puisse éliminer toutes les conceptions erronées
Et que j'obtienne, immédiatement, les deux précieux esprits d'Eveil (Skt. Bodhicitta)

Avalokitéshvara est extrêmement content de notre requête et descend sur le sommet de notre tête, , assis sur son trône de lotus et de lune.

Les huit versets

Récitons les versets en nous concentrant sur leur signification. Prenons tout le temps que nous voulons pour chacun d'eux.

A chaque verset, visualisons un flot de nectar blanc de béatitude qui se déverse de la syllabe *hri* située dans le cœur d'Avalokitéshvara et qui s'écoule dans notre corps par le sommet de notre tête. Ce nectar nous remplit entièrement, purifiant toutes nos négativités et obscurcissements et amenant toutes les réalisations. (Soyons tout particulièrement attentifs aux obscurcissements et aux réalisations mentionnés dans le verset sur lequel nous méditons.)

1. Avec la pensée d'atteindre l'Eveil
Pour le bien de tous les êtres,
Qui sont plus précieux que des joyaux exauçant les souhaits,
Je m'appliquerai, constamment, à les chérir.

Les êtres sont précieux parce que sans eux nous n'aurions aucune occasion de développer la générosité, l'amour, la patience et les autres qualités altruistes ou de surmonter notre égoïsme.

Le nectar d'Avalokitéshvara purifie la pensée d'auto-chérissement qui m'empêche de chérir les autres plus que moi-même et m'accorde la réalisation de chérir les autres plus que moi-même.

2. Chaque fois que je serai en compagnie d'autrui
Je me considérerai comme le moins important de tous,
Et du plus profond de mon cœur
Je reconnaîtrai les autres comme suprêmes.

Il s'agit là d'une manière puissante de contrecarrer notre tendance habituelle à trouver l'erreur chez les autres et à les critiquer. Au lieu de cela, nous devons continuer à reconnaître leurs bonnes qualités et leur potentiel, et nous souvenir de nos propres défauts et imperfections.

Le nectar purifie l'orgueil et l'auto-chérissement et amène la réalisation de l'esprit d'Eveil, qui considère les autres comme chers et suprêmes.

3. Dans toutes les actions, j'examinerai mon esprit et
Dès qu'une émotion conflictuelle surgira,
Me mettant moi-même et les autres en danger,
Je m'y confronterai fermement et m'en détournerai.

Ce verset souligne l'importance de l'attention. Au cours de la journée, dans tout ce que nous faisons, lorsque nous travaillons, parlons, regardons la télévision ou méditons, nous devons être conscients de ce qui se passe dans notre esprit. Chaque fois qu'une pensée négative, telle la colère, la jalousie ou l'orgueil, surgit, nous devons nous en rendre compte et agir en conséquence, dès que possible. Si nous ne nous engageons pas dans une telle pratique, les perturbations mentales demeurent dans l'esprit, se renforcent et polluent tous nos sentiments et perceptions.

Le nectar purifie les obscurcissements qui m'empêchent de me confronter aux pensées indomptées et d'agir en conséquence et amène la réalisation de l'esprit d'Eveil et de la sagesse de la vacuité qui anéantit de telles pensées.

4. Chaque fois que je rencontrerai une personne au tempérament mauvais,
Submergée par une énergie négative et une souffrance intense,
Je la chérirai telle une personne rare,
Comme si j'avais trouvé un trésor précieux.

Il n'est pas très difficile d'éprouver des sentiments positifs envers des personnes gentilles et ayant un bon tempérament, mais notre amour est vraiment mis à l'épreuve lorsque nous rencontrons des personnes dont l'énergie négative est considérable. En effet, elles nous donnent l'occasion de nous rendre compte de la force de notre patience et de notre compassion et ainsi de devenir réalistes quant à notre développement spirituel; nous devons les considérer comme rares et précieuses.

Le nectar purifie la pensée d'auto-chérissement qui m'empêche de considérer les êtres néfastes comme précieux et chers, et amène la réalisation de l'esprit d'Eveil qui chérit même les êtres néfastes.

5. Si d'autres, par jalousie, me maltraitent
En m'injuriant, me calomniant et me dédaignant,
J'apprendrai à accepter la défaite
Et à leur offrir la victoire.

Si quelqu'un nous critique sans ambages ou de manière détournée, nous ne devons pas essayer de nous défendre avec colère ou de ,lancer des insultes en retour. Nous devons plutôt nous rappeler que toute expérience mauvaise est le résultat de nos propres actions passées; nous pouvons peut-être réfléchir aux nombreuses occasions où nous avons critiqué autrui.

Nous pouvons essayer de parler avec la personne qui se plaint, non pas avec colère mais avec compassion, afin qu'elle se calme et soit plus positive, mais si elle refuse d'être raisonnable, nous devons juste laisser tomber et accepter la situation. De toutes les façons, il est bon d'écouter les critiques avec un esprit ouvert, celles-ci sont souvent fondées et elles peuvent toujours nous apprendre quelque chose à notre sujet.

Le nectar purifie la pensée d'auto-chérissement qui m'empêche d'accepter la défaite et de donner la victoire aux autres et amène la réalisation qui me permet de le faire.

6. Si celui que j'ai aidé
Et en qui j'avais une grande confiance
Me blesse cruellement,
J'apprendrai à le considérer comme mon Maître suprême.

Toute bonne ou mauvaise expérience de notre vie est la conséquence de nos actions passées, donc un mal immérité n'existe pas vraiment. Cette idée est peut-être difficile à accepter, surtout quand le mal vient d'une personne que nous avons aidée et de qui nous attendons au moins un sentiment de gratitude. Mais il s'agit de nous familiariser avec la loi de causalité; nous devons nécessairement avoir créé la cause pour qu'on nous fasse du mal. De plus, si nous avons une bonne compréhension de l'importance du développement de la patience, nous serons capables de voir que quelqu'un qui nous nuit, nous donne un enseignement précieux sur la voie spirituelle.

Le nectar purifie la pensée d'auto-chérissement qui m'empêche de considérer les êtres qui me blessent comme mes Maîtres spirituels et amène la réalisation de la perfection de la patience du bodhisattva, qui me permet de le faire.

7. En bref, j'offrirai directement et indirectement
Chaque bienfait et bonheur à tous les êtres, mes mères.
Je pratiquerai en secret la prise en charge de
Toutes leurs actions nuisibles et de leur souffrance.

L'essence de la transformation de la pensée est l'échange de soi-même avec les autres, c'est-à-dire remplacer l'attitude de se chérir soi-même par celle de chérir les autres. Normalement nous faisons tout pour être heureux et éviter les problèmes, même si nous devons pour cela blesser les autres, mais ici, nous inversons nos priorités ; nous aspirons à rendre les autres heureux et à prendre sur nous leurs problèmes, indifférents à notre propre bien-être. Il s'agit d'une méditation intérieure qui implique un changement dans notre état d'esprit ; c'est pourquoi elle est « secrète », et non pas une pratique visible par tous.

Le nectar purifie la pensée d'auto-chérissement qui m'empêche de prendre sur moi-même les actions nuisibles et les souffrances de tous les êtres et amène la réalisation de l'esprit d'Eveil qui leur offre le bonheur et assume leur souffrance.

8. En percevant la nature illusoire de tous les phénomènes
Je préserverai ces pratiques de la contamination des huit préoccupations mondaines,
Et dépourvu d'attachement, je libérerai tous les êtres
De l'asservissement de l'esprit indompté perturbant et du karma.

Lorsque nous agissons en étant motivé par l'une des huit préoccupations mondaines, c'est-à-dire l'attachement au plaisir, à la louange, au profit et à la réputation et l'aversion pour la douleur, le blâme, la perte et la non reconnaissance ; l'action est non Dharma, non spirituelle. En réalisant la nature illusoire, semblable au rêve, de toutes les choses et situations, nous apprenons naturellement à lâcher prise et nous nous attachons beaucoup moins à de telles préoccupations.

Le but final de cette pratique est de nous libérer de l'ignorance, de l'auto-chérissement et de toute énergie négative afin d'aider les autres à se libérer également.

Le nectar purifie la pensée d'auto-chérissement et l'ignorance de la saisie du soi qui m'empêchent de voir toutes les choses comme illusoires et amène la réalisation de la vacuité qui me libère de l'asservissement de l'esprit indompté et du karma.

Conclusion

Faisons la requête suivante du fond de notre cœur.

A vous, grand compatissant, je fais la requête :
Tendez votre main sacrée et guidez-moi ainsi que tous les êtres
Vers le royaume pur de la félicité, après cette vie.
Soyez, je vous prie, notre ami spirituel dans toutes nos vies
Et conduisez-nous rapidement à l'Eveil.

Avalokitéshvara accepte notre requête. Un flot de nectar s'écoule de son cœur et nous remplit complètement, corps et esprit. Tous les obscurcissements, empreintes négatives et maladies sont instantanément purifiés. Notre corps devient clair comme du cristal. Puis Avalokitéshvara se dissout dans la lumière et s'absorbe en nous.

Nous sommes maintenant Avalokitéshvara, notre corps, notre parole et notre esprit sont indissociables de son corps sacré, de sa parole sacrée et de son esprit sacré. Nous sommes entourés par tous les êtres, dans toutes les directions.

Le mantra d'Avalokitéshvara

A présent, en récitant le mantra *Om mani pédmé houm*, visualisons d'innombrables rayons de lumière irradiant de notre cœur, chacun avec à son extrémité un minuscule Avalokitéshvara. Ces bouddhas compatissants se posent délicatement sur la tête de tous les êtres, et, avec des flots de nectar, purifient leurs négativités et obscurcissements. Finalement, ils s'absorbent dans les êtres, qui tous deviennent Avalokitéshvara.

Prières de dédicace

Puissent la souffrance et les causes de la souffrance de tous les êtres
Mûrir sur moi, maintenant.
Puissent tous les êtres obtenir les résultats, mon bonheur
Et ses causes, mes mérites.

Puisse l'esprit d'Eveil précieux et suprême
Naître là où il n'est pas né,
Ne pas dégénérer là où il est déjà apparu,
Mais s'accroître de plus en plus.

Sans être découragé, même pour un instant,
Puissé-je renoncer complètement aux actions égoïstes
Et pratiquer, pour le bien des autres, les grandes actions des bodhisattvas,
identiques aux actions sacrées de l'excellent fondateur, le Bouddha Shakyamouni.

Grâce à ces mérites,
Puissé-je rapidement atteindre l'état du grand compatissant,
Et mener tous les êtres, qui sont suprêmes et nobles,
A cet état éveillé.

5. Prieres à Tara

Pourquoi certaines personnes réussissent-elles pratiquement dans tout ce qu'elles entreprennent alors que d'autres échouent constamment ? Nous disons que celles qui réussissent ont de la chance, mais le Bouddhisme explique que, dans le passé, elles ont créé les causes pour expérimenter ce succès, sinon elles ne pourraient en faire l'expérience aujourd'hui.

Si nous voulons rencontrer des situations favorables, satisfaisantes, nous devons créer les causes nécessaires. Cela s'applique à toute activité, que ce soit une entreprise commerciale, une pratique sportive ou spirituelle. Nous avons tendance à penser que plus le but est difficile, plus les obstacles sont grands. Pour surmonter ces problèmes et obtenir le succès, une méthode efficace est de faire des prières et des requêtes à Tara, la Libératrice.

Tara est la manifestation de la sagesse, de la compassion, de l'amour et plus particulièrement, de l'activité habile des êtres éveillés. Chaque détail de son image représente un aspect différent de la voie : par exemple, sa couleur verte symbolise sa capacité à agir. Sa main droite fait le geste qui accorde des réalisations sublimes et la gauche, le geste qui exprime le refuge. Sa forme féminine démontre que l'Eveil est à la portée de tous, femme comme homme.

La pratique que nous décrivons ici implique la répétition d'une prière en cinq lignes qui est l'essence de la prière connue sous le nom des *Vingt et une louanges à Tara* et comprend son mantra, *Om taré touttaré touré soha.*

L'origine de cette prière en cinq lignes a une histoire. Au Xème siècle, le traducteur d'Atisha, le grand Maître indien qui vivait au Tibet, tomba malade. Dromteunpa, le disciple d'Atisha, prédit que si le traducteur récitait dix mille fois les *Vingt et une louanges* à Tara, il se remettrait de sa maladie. L'homme était trop malade pour réciter cette longue prière, aussi, Atisha, qui communiquait directement avec Tara, lui demanda-t-il son avis. Elle lui transmit la prière en cinq lignes dont une seule récitation est équivalente à la récitation des vingt et un versets. Le traducteur acheva les dix mille répétitions et, peu après, se rétablit complètement de sa maladie.

La pratique

Visualisons Tara dans l'espace devant nous, de couleur vert émeraude, assise sur un lotus et un disque de lune (p. 135). Manifestation de l'omniscience, de l'amour et de la compassion de tous les bouddhas, elle est d'une nature lumineuse, ni solide ni concrète. Sa jambe gauche repliée, signifie qu'elle contrôle totalement le désir, et sa jambe droite étendue indique qu'elle est prête à se lever pour secourir tous les êtres. Sa main gauche est près de son cœur, dans le geste du refuge : la paume est face à l'extérieur, le pouce et l'annulaire se touchent, et les trois doigts restants sont relevés. Sa main droite est posée sur son genou droit dans le geste qui accorde les réalisations sublimes : la paume est face à l'extérieur, le pouce et l'index se touchent et les autres doigts pointent vers le bas. Dans chaque main, elle tient la tige d'une fleur oupala bleue, symbole de l'ouverture du canal central. Elle est magnifiquement parée de vêtements en soie et de bijoux, et son visage souriant irradie amour et compassion.

Tous les êtres, sous la forme humaine, nous entourent : ceux qui nous sont proches sont derrière nous, ceux que nous n'aimons pas en face de nous et tout le reste des êtres à nos côtés. Aussi loin que nous puissions voir, nous sommes complètement entourés de tous les êtres.

Tout le monde se joint à nous pour réciter les prières suivantes :

Refuge et production de l'esprit d'Eveil.

Je prends refuge jusqu'à l'Eveil
Dans le Bouddha, le Dharma et le Sangha.
Grâce aux mérites accumulés par la pratique de la générosité et des autres perfections,
Puissé-je atteindre la bouddhéité pour le bien de tous les êtres. (3 fois)

Les quatre pensées incommensurables

Puissent tous les êtres obtenir le bonheur et les causes du bonheur;
Puissent tous les êtres être libérés de la souffrance et des causes de la souffrance ;
Puissent tous les êtres ne jamais être séparés du bonheur qui ne connaît pas la souffrance ;
Puissent tous les êtres demeurer dans l'équanimité, libre de l'attachement et de la colère qui les rapproche des uns et les éloigne des autres.

Les sept branches

Respectueusement, je me prosterne avec mon corps, ma parole et mon esprit
Et je présente des nuées de toutes sortes d'offrandes réelles et imaginées.
Je révèle toutes mes actions négatives accumulées depuis des temps sans commencement
Et je me réjouis des mérites de tous les êtres saints et ordinaires.
Demeurez, je vous prie, jusqu'à la fin du samsara
Et tournez la roue du Dharma pour les êtres.
Je dédie les mérites créés par moi-même et par les autres à l'Eveil suprême.

Offrande du mandala

Cette terre ointe de parfum, jonchée de fleurs,
Ornée du Mont Mérou, des quatre continents, du soleil et de la lune.
Je la visualise comme un champ de bouddhas et je l'offre.
Puissent tous les êtres jouir de cette terre pure.
Je vous envoie ce mandala de joyaux, O Maître précieux.

Prière à Tara

Souvenons-nous maintenant des requêtes particulières que nous désirons faire : réussite dans nos activités spirituelles ou mondaines, santé et longue vie de notre famille, de nos amis ou de nous-mêmes, ou tout autre souhait. En gardant ces désirs à l'esprit, récitons la courte prière à Tara autant de fois que nous le pouvons, soit en restant assis, soit en faisant des prosternations.

Om*, moi ainsi que tous les êtres, nous nous prosternons devant la libératrice, la Victorieuse transcendante complètement réalisée.*
Je me prosterne devant la mère glorieuse qui libérez avec ***taré****;*
Vous êtes la mère qui éliminez toutes les peurs avec ***touttaré****;*
Vous êtes la mère qui conférez la réussite avec ***touré****;*
A ***soha*** *et aux autres syllabes nous rendons les plus grands hommages.*

Pendant que nous récitons la prière, visualisons que des rayons de lumière le long desquels s'écoule du nectar (telles des gouttes de pluie descendant le long d'un fil métallique), sont émis depuis le point de rencontre du pouce et de l'annulaire gauches de Tara. Les rayons et le nectar coulent continuellement, nous touchant ainsi que tous les êtres autour de nous, purifiant nos obstacles à la pratique du Dharma et les obscurcissements à la libération et à l'Eveil.

Souvenons-nous des problèmes de tous ceux pour qui nous prions. Pensons aussi aux souffrances et difficultés expérimentées par les êtres qui nous entourent : ceux qui font la guerre, qui se sentent seuls ou malades, ceux qui sont remplis de colère, d'orgueil ou de jalousie. Lorsque les rayons et le nectar pénètrent leur corps et leur esprit, leurs souffrances et les causes de leurs souffrances sont complètement anéanties. Tous les êtres sont alors entièrement libérés.

Pensons avec une conviction profonde que Tara accepte nos requêtes et répond à nos prières. Pendant la première partie de notre récitation, nous pouvons visualiser la purification décrite ci-dessus, et, pendant la seconde, nous pouvons visualiser que nous et tous les êtres, devenons un avec Tara : à chaque prière, une Tara identique à celle que nous avons visualisée en face de nous émane de celle-ci et se dissout en nous et en tous les autres. Nous devenons tous complètement un avec le corps, la parole et l'esprit sacrés de Tara.

Dédicace des mérites

Grâce à ces actions vertueuses
Puissé-je rapidement obtenir l'état de Tara
Et mener tous les êtres, sans exception,
à cet état éveillé.

Puisse l'esprit d'Eveil précieux et suprême
Naître là où il n'est pas né,
Ne pas dégénérer là où il est déjà apparu,
Mais s'accroître de plus en plus.

Explication de la prière

Om contient trois sons : *ah*, *oh* et *mm* et exprime les qualités incommensurables du corps, de la parole et de l'esprit sacrés des êtres éveillés. D'après les enseignements tantriques du Bouddha, les voies inclues dans le mantra *Om taré touttaré touré soha* mènent à l'état d'esprit omniscient. En réalisant ces voies nous purifions notre corps, notre parole et notre esprit et les transformons dans le corps, la parole et l'esprit sacrés de Tara.

Ici, *Om* est le but et *taré touttaré touré* sont la voie.

Taré signifie « Celle qui libère ». Généralement, « Tara » signifie libérer des renaissances infortunées, des souffrances de l'existence cyclique et du piège subtil du nirvana.

Même si nous arrivons à nous libérer du cycle des existences et à atteindre le nirvana, cela prend longtemps pour émerger de cet état bienheureux de paix et commencer à agir pour les êtres. L'objectif d'atteindre le nirvana pour soi-même uniquement est limité, si on le compare à la motivation d'atteindre l'Eveil afin de travailler pour les autres. Ainsi, Tara nous libère-t-elle non seulement du cycle des existences mais aussi de l'état bienheureux de paix et nous mène à l'Eveil.

C'est le sens usuel du premier *taré* dans le mantra. Il représente tout ce dont nous devons être libérés, la voie qui libère et le but vers lequel Tara nous mène : l'état d'Eveil omniscient.

Cependant, ici, on explique ce *taré* comme signifiant la libération de l'existence cyclique, la première des quatre vérités, celle de la souffrance (voir p. 89).

Touttaré signifie « Qui élimine toutes les peurs ». Il est dit que Tara nous libère des huit « peurs », ou des souffrances des huit types de perturbations, chacune d'elles étant comparée à une cause externe de peur :

1. la souffrance de l'attachement est semblable à une grande inondation ;
2. la souffrance de la colère est semblable au feu ;
3. la souffrance de l'ignorance est semblable à un éléphant ;
4. la souffrance de la jalousie est semblable à un serpent ;
5. la souffrance de l'orgueil est semblable à un lion ;
6. la souffrance de l'avarice est semblable à des chaînes qui nous emprisonnent ;
7. la souffrance des vues erronées est semblable à un voleur ;
8. la souffrance du doute est semblable à un fantôme.

En prenant refuge en Tara, en récitant son mantra et en pratiquant sa méthode, elle nous libérera non seulement des souffrances internes des perturbations, mais aussi des dangers externes tels que les inondations, les incendies et les vols.

Ainsi, grâce à *touttaré*, Tara nous libère des causes véritables de la souffrance (la deuxième des quatre nobles vérités), le karma et les émotions conflictuelles qui font naître le karma. En le récitant, nos peurs peuvent être dissipées ; cela indique que Tara nous mène vers la voie juste, le Dharma absolu, remède réel aux causes de la souffrance.

Touré signifie « Qui accorde toute réussite ». La réussite dont il est question ici, se réfère aux buts des pratiquants des trois niveaux de motivation : une renaissance fortunée, but du niveau initial de motivation ; le nirvana, but du niveau intermédiaire ; et l'Eveil, but du niveau supérieur. « Toute réussite » fait allusion également au succès de toutes les activités de cette vie, que ce soit dans les relations avec les autres, dans les affaires, dans la recherche de conditions parfaites pour notre pratique du Dharma ou dans l'accomplissement de nos objectifs concernant le Dharma.

Soha, chaque mot du mantra, de *Om* à *soha*, remplit une fonction particulière, comme nous venons de l'expliquer ; chacun d'eux amène un grand bienfait. Ainsi à *soha* et aux autres syllabes nous rendons notre plus grand hommage.

Soha en soi signifie : « Puisse les bénédictions de Tara contenues dans le mantra *Om taré touttaré touré* prendre racine dans notre cœur. » Si nous voulons faire pousser des pommes dans notre jardin, nous devons planter la racine d'un pommier. De même, si nous voulons obtenir l'Eveil, nous devons planter dans notre cœur, la racine de la voie complète contenue dans le mantra *Om taré touttaré touré soha.* En priant Tara et en récitant son mantra nous recevons ses bénédictions ; grâce aux bénédictions de Tara pénétrant notre cœur, nous sommes capables d'engendrer la voie complète vers l'Eveil. En donnant naissance dans notre esprit à la voie -méthode et sagesse- nos corps, parole et esprit impurs sont purifiés et transformés dans les corps, parole et esprit sacrés de Tara.

6. La Purification de Vajrasattva

Pourquoi, lorsque nous nous asseyons pour méditer, notre esprit erre-t-il en vain de-ci, de-là ? Pourquoi est-ce si difficile de contrôler l'esprit et d'atteindre des réalisations ? Peut-être imaginons-nous que les choses étaient plus faciles avant de commencer la méditation !

La transformation de l'esprit n'est pas facile ; il n'est donc pas surprenant de rencontrer des obstacles et des problèmes. Ce n'est pas que nous manquions de sagesse ou de capacité pour méditer correctement, pour pénétrer profondément dans l'esprit ; c'est plutôt l'énergie négative de nos perturbations, nos conceptions erronées et nos émotions accumulées depuis des temps sans commencement qui en sont la cause.

Quand nous nous asseyons pour méditer, cette énergie se manifeste physiquement sous forme d'inconfort ou de nervosité, et, mentalement, comme de la somnolence, de l'agitation, de la tension ou du doute. Notre faible flamme de sagesse existe mais n'est pas de taille à affronter cette sombre tempête de l'énergie négative.

Il est possible de calmer la tempête, de purifier l'énergie négative qui nous empêche de réaliser la voie vers l'Eveil. Une méthode du Vajrayana particulièrement puissante est la pratique associée au bouddha Vajrasattva (*Tib. Dordjé Sémpa*). On dit qu'elle est aussi efficace pour détruire les émotions conflictuelles et l'énergie négative qu'un grand incendie qui détruirait des milliers d'hectares de forêts.

L'une des caractéristiques du résultat de toute action est de s'accroître avec le temps, de la même façon que la graine d'un fruit produit de nombreux fruits. Il est alors évident que pour empêcher le développement des actions négatives, il est nécessaire de purifier notre esprit des empreintes laissées par les actions négatives du corps, de la parole et de l'esprit.

Il est dit que la récitation d'au moins vingt et un mantras de Vajrasattva à la fin de chaque journée empêche le pouvoir de l'énergie négative de ce jour-là de s'accroître. La récitation de cent mille mantras, dans des conditions correctes et avec un état d'esprit adéquat, a le pouvoir de purifier complètement toutes les empreintes négatives.

La purification complète de notre énergie négative -qui nous garantit que nous n'aurons jamais à faire l'expérience des résultats de nos actions négatives- dépend d'une confession pure et puissante. Les quatre étapes de cette pratique en grande partie interne sont connues sous le nom des quatre forces curatives (p. 176). Les deux méditations suivantes, transmises par Lama Thoubten Zopa Rinpoché, associent la visualisation de Vajrasattva à ces quatre forces; l'une se fait assise et l'autre avec des prosternations.

La pratique assise

La force du support

Visualisons à environ dix centimètres au-dessus de notre tête un lotus blanc ouvert portant un disque de lune sur lequel est assis Vajrasattva. Il est blanc, translucide et paré d'ornements magnifiques et de vêtements en soie céleste. Chaque élément de cette visualisation est de la nature de lumière. Il a deux mains, croisées sur son cœur : la droite tient un vajra (*Tib. dordjé*), symbolisant la grande félicité; la gauche, une cloche, symbolisant la sagesse de la vacuité.

Ensemble, la cloche et le vajra représentent sa réalisation de l'état d'Eveil, l'union inséparable des corps de sagesse et de forme. A son cœur se trouve un disque de lune avec, au centre, une syllabe-germe *houm* et sur son pourtour, dressées dans le sens des aiguilles d'une montre, les lettres du mantra à cent syllabes.

En maintenant cette visualisation clairement dans notre esprit, récitons la prière suivante pour prendre refuge et produire l'esprit d'Eveil.

Je prends refuge dans les trois précieux sublimes;
Je libérerai tous les êtres
Et les mènerai à l'Eveil;
Ainsi parfaitement, je fais naître l'esprit d'Eveil.

La force du regret

Rémémorons-nous, avec un regret profond, les négativités spécifiques que nous avons créées. Puis méditons profondément sur le sens de ce qui suit :

Le karma négatif que j'ai accumulé depuis des temps immémoriaux est aussi vaste que le trésor d'un grand roi. Bien que chaque action négative mène à de nombreux éons de souffrance, il semble que je m'évertue constamment à ne créer rien d'autre que des actions négatives. Même si j'essaie d'éviter ce qui n'est pas vertueux et de pratiquer des actes positifs, jour et nuit, sans répit, des négativités et transgressions morales, telle une chute de pluie, se précipitent sur moi. Je suis incapable de purifier ces fautes pour n'en laisser aucune trace; avec ces empreintes négatives encore dans mon esprit, il se pourrait que je meure soudain et me retrouve à prendre une renaissance infortunée. Que puis-je faire? Vajrasattva, je vous prie, par votre grande compassion, montrez moi le chemin pour éviter une telle souffrance!

La force du remède

Visualisons que du *houm* qui se trouve dans le cœur de Vajrasattva de la lumière irradie dans toutes les directions, demandant aux bouddhas d'accorder leurs bénédictions. Ils acceptent la requête et envoient des rayons de lumière blanche et du nectar dont l'essence est la connaissance de leur corps, de leur parole et de leur esprit. Cette lumière et ce nectar se déversent comme une pluie de lait et sont absorbés dans le *houm* et le mantra qui se trouvent au cœur de Vajrasattva. En remplissant complètement son corps, ils renforcent la magnificence de son apparence et accroissent l'éclat du mantra jusqu'à ce qu'il brille de la lumière de cent milles lunes réfléchies sur des montagnes enneigées.

Puis, en récitant le mantra à cent syllabes, visualisons que des rayons de lumière blanche et un flot de nectar s'écoulent continuellement du *houm* et du mantra qui est dans le cœur de Vajrasattva. Ils pénètrent par le sommet de notre tête, pour emplir notre corps et notre esprit d'une béatitude infinie.

> *Om vajrasattva samaya manoupalaya vajrasattva ténopa tichta dridho mè bhawa soutokayo mè bhawa soupokayo mè bhawa anourakto mè bhawa sarwa siddhim mè prayatcha sarwa karma soutsa mè tsitam shriyam kourou houm ha ha ha ha ho bhagavan sarwa tathagata vajra ma mè mountsa vajra bhawa maha samaya sattva ah houm pè.*

Continuons à réciter le mantra et visualisons le flot de lumière et de nectar, et en même temps faisons, tour à tour, les quatre visualisations suivantes :

Purification du corps : Nos émotions conflictuelles et nos négativités en général et plus particulièrement celles du corps, prennent la forme d'encre noire alors que les maladies et les afflictions causées par les esprits malfaisants, prennent la forme de scorpions, serpents, grenouilles et crabes. Chassés par la lumière et le nectar, ils quittent tous notre corps par les ouvertures inférieures, comme une eau sale s'écoulant d'un tuyau de drainage. Nous sommes complètement libérés de ces problèmes ; ils n'existent plus nulle part.

Purification de la parole : Nos émotions conflictuelles et les empreintes des négativités de la parole prennent la forme d'un liquide semblable au goudron. La lumière et le nectar emplissent notre corps comme l'eau remplit un verre sale : les négativités, tout comme la saleté dans le verre, montent à la surface et s'écoulent par les ouvertures supérieures de notre corps. Nous sommes complètement libérés de ces problèmes; ils n'existent plus nulle part.

Purification de l'esprit : Nos émotions conflictuelles et les empreintes des négativités mentales apparaissent comme des ténèbres dans notre cœur. Quand ces ténèbres sont frappées par le flot vigoureux de la lumière et du nectar, elles disparaissent instantanément. Nous sommes complètement libérés de ces problèmes ; ils n'existent plus nulle part.

Purification simultanée : Enfin, visualisons ces trois purifications simultanément; elles balaient les obscurcissements subtils qui nous empêchent de voir correctement tout ce qui existe. Nous sommes complètement libérés de ces problèmes; ils n'existent plus nulle part.

Si nous avons peu de temps ou si nous sommes paresseux et incapables de faire les visualisations qui précèdent, il existe une autre visualisation simplifiée :

Toutes les émotions conflictuelles et négativités accumulées au cours de nos vies sans commencement apparaissent comme des ténèbres dans notre cœur. Quand nous récitons le mantra, d'incommensurables et puissants rayons de lumière et de nectar se déversent du cœur de Vajrasattva et pénètrent par le sommet de notre tête. Instantanément, les ténèbres dans notre cœur sont dissipées, tout comme l'obscurité d'une pièce disparaît dès qu'on allume la lumière.

La force de la promesse

Faisons la promesse suivante à Vajrasattva, en spécifiant la période pendant laquelle nous avons l'intention de l'observer : « A partir de maintenant, jusqu'à... je ne créerai aucune action négative. »

Vajrasattva est extrêmement content et dit : « Enfant de l'essence, toutes tes négativités, obscurcissements et vœux dégénérés sont maintenant complètement purifiés. »

Puis, Vajrasattva se fond dans la lumière et se dissout en nous. Notre corps, notre parole et notre esprit deviennent indissociables du corps, de la parole et de l'esprit sacrés de Vajrasattva.

A la fin de la méditation, récitons la prière suivante :

Grâce à cette action vertueuse
Puissé-je rapidement devenir Vajrasattva
Et mener tous les êtres, sans exception,
A son état éveillé.

Puisse l'esprit d'Eveil précieux et suprême
Naître là où il n'est pas né,
Ne pas dégénérer là où il est déjà apparu,
Mais s'accroître de plus en plus.

La pratique accompagnée de prosternations

La force du support

Visualisons Vajrasattva en face de nous et, autour de nous, tous les êtres sous la forme humaine. Prenons refuge et pensons :

Afin de transformer mon corps, ma parole et mon esprit
dans le corps, la parole et l'esprit de Vajrasattva,
dans le seul but d'éveiller tous les êtres mes mères,
avec grand respect, je vais maintenant faire des prosternations.

La force du regret

Rappelons-nous avec un regret profond les négativités que nous avons créées avec notre corps, notre parole et notre esprit.

La force du remède

Récitons le mantra de Vajrasattva en nous prosternant. Visualisons le mantra sous la forme d'un flot de lettres blanches faites de lumière, s'écoulant du *om* blanc au front de Vajrasattva et s'absorbant dans notre propre front, en purifiant complètement les obscurcissements de notre corps.

En même temps, visualisons le mantra sous la forme d'un flot de lettres rouges faites de lumière, s'écoulant du *ah* rouge à la gorge de Vajrasattva, se dissolvant dans notre propre gorge, en purifiant complètement les obscurcissements de notre parole.

Simultanément, visualisons le mantra sous la forme d'un flot de lettres bleues faites de lumière, s'écoulant du *houm* bleu au cœur de Vajrasattva, se dissolvant dans notre propre cœur, et purifiant complètement les obscurcissements de notre esprit.

En nous purifiant ainsi nous-mêmes, visualisons que tous les êtres qui nous entourent se prosternent également et purifient leurs propres corps, parole et esprit.

Après chaque prosternation, une réplique de Vajrasattva s'absorbe en nous ainsi que dans tous les autres êtres. Pensons que notre corps, notre parole et notre esprit et ceux de tous les êtres ont été entièrement purifiés et sont indivisibles du corps, de la parole et de l'esprit sacrés de Vajrasattva.

Le pouvoir de la promesse

A la fin de la session, faisons la promesse. Visualisons Vajrasattva s'absorbant en nous et dans tous les êtres et dédions les mérites de la pratique en utilisant les deux prières de dédicace.

Explication du mantra

Om exprime les qualités du corps, de la parole et de l'esprit du Bouddha. Il représente aussi ce qui est de bon augure et de la plus grande valeur ;

Vajrasattva (*Tib. Dordjé Sémpa*), le courageux qui possède une sagesse transcendante ;

Samaya, un engagement qui ne peut être transgressé ;

Manoupalaya, guidez-moi le long de la voie vers l'Eveil que vous avez parcouru ;

Vajrasattva téno pa, pour me rapprocher de l'esprit-vajra sacré ;

Tichta, faites, je vous prie, que je demeure ;

Dridho, ferme, stable grâce à sa relation à la nature absolue ;

Mè bhawa, accordez-moi, je vous prie, la capacité de réaliser la nature des phénomènes ;

Soutokayo mè bhawa, soyez, je vous prie, de nature extrêmement satisfaite de moi ;

Soupokayo mè bhawa, puissé-je jouir de la nature d'une grande félicité hautement développée ;
Anourakto mè bhawa, soyez, je vous prie, de la nature de l'amour qui me mène à votre état ;
Sarwa siddhim mè par yatsa, accordez-moi, je vous prie, toutes les véritables réalisations ;
Sarwa karma sou tsa mè, accordez-moi, je vous prie, toutes les actions vertueuses ;
Tsitam shriyam kourou, accordez-moi, je vous prie, toutes vos remarquables qualités ;
Houm, syllabe-germe signifiant l'esprit-vajra sacré ;
Ha ha ha ha ho, signifie les cinq sagesses transcendantes ;
Bhagawan, celui qui a détruit tous les obscurcissements, atteint toutes les réalisations et est allé au-delà de la souffrance ;
Sarwa tathagata, tous ceux qui sont allés dans l'espace de la vacuité juste telle qu'elle est ;
Vajra, indestructible ;
Ma mè mountsa, ne m'abandonnez pas ;
Vajra bhawa, la nature de l'inséparabilité (de la vacuité et de la grande béatitude) ;
Maha samaya sattva, le grand courageux qui a pris un engagement, l'esprit sacré ;
Ah, syllabe-germe exprimant la parole-vajra sacrée ;
Houm, exprime la sagesse transcendante de la grande félicité ;
Pè, clarifie notre compréhension de la sagesse transcendante de la béatitude et de la vacuité inséparables. Cela détruit également l'esprit dualiste qui est l'opposé de cette sagesse.

En bref, le mantra signifie :

O grand courageux dont l'esprit sacré est de la nature vajra de tous les bouddhas, qui avez détruit tout obscurcissement, obtenu toutes les réalisations et êtes allé au-delà de la souffrance, à l'ainsité, ne m'abandonnez pas mais libérez-moi, je vous prie, en accord avec votre engagement.

Le mantra court de Vajrasattva est : *Om Vajrasattva houm.*

7. Les Huit Préceptes du Mahayana

L'observance des vœux ou préceptes de moralité est la manière la plus efficace d'éliminer les interférences aux réalisations spirituelles. Les obstacles sont des empreintes laissées sur notre courant de conscience par des actions malhabiles du corps, de la parole et de l'esprit. En évitant consciemment les actions négatives, nous arrêtons naturellement de créer plus d'obstacles et nous purifions ceux du passé, épurant ainsi notre esprit afin d'obtenir des réalisations.

Il existe différents niveaux de vœux dans la tradition bouddhique du Mahayana, tels que les vœux de pleine ordination pris à vie par les moines et les moniales, les vœux des moines et moniales novices et les vœux pris par des laïcs. On considère que prendre des vœux lors d'une cérémonie formelle devant son Maître ou devant les bouddhas visualisés, a plus de force et de signification pour l'esprit que d'éviter simplement certaines actions de façon informelle. De plus, si les vœux sont pris avec la motivation du Mahayana de l'esprit d'Eveil, c'est-à-dire pour le bien de tous les êtres, les résultats bénéfiques sont infinis.

Il est important d'étudier les bienfaits de l'observance des vœux et les désavantages de leur transgression (cf. ci-dessous) afin que lorsque nous prenons des vœux nous ayons une compréhension parfaite de ce que nous faisons.

Les huit préceptes du Mahayana sont un ensemble de vœux qui peuvent être pris par n'importe qui pour une période de vingt-quatre heures. Il est possible de les prendre n'importe quand, mais l'on recommande les jours de pleine lune, de nouvelle lune et des quartiers de lune. La cérémonie doit avoir lieu tôt le matin, avant l'aube (ou « lorsqu'il fait encore trop sombre pour distinguer les lignes dans la paume de notre main »), et les vœux doivent être observés jusqu'au lever du soleil, le jour suivant.

La première fois que nous prenons les préceptes, nous devons les recevoir d'une personne qui a reçu, elle-même, la transmission orale de la pratique, considérer cette personne comme le Bouddha et imaginer que nous lui faisons nos promesses. Par la suite, nous pourrons faire la cérémonie nous-mêmes en récitant les prières face à une image de notre Maître ou du Bouddha, en imaginant à nouveau que nous recevons les préceptes du Bouddha lui-même.

Si nous brisons l'un de ces vœux au cours de la journée, nous devons purifier la transgression dès que possible à l'aide des quatre forces curatives (p. 176). L'habitude croissante de l'observance des préceptes diminuera les risques des transgressions inconscientes par négligence.

Les bienfaits de l'observance des préceptes

Le Bouddha a dit : « Observer les préceptes est bien plus avantageux que de faire de nombreuses offrandes à tous les bouddhas pendant des éons aussi nombreux que les grains de sable dans le Gange. » Et, selon un grand pandit indien : « Observer les huit préceptes, ne fût-ce qu'un seul jour, apporte davantage de profit que de faire la charité pendant cent ans. »

En observant les préceptes, nous développerons un esprit clair, non confus et il nous sera ainsi plus facile de méditer. Nous éviterons les renaissances infortunées, obtiendrons des renaissances humaines avec toutes les conditions nécessaires à la pratique du Dharma et nous rencontrerons des Maîtres parfaits dans les vies futures, ce qui nous donnera l'occasion de recevoir de plus amples enseignements et d'atteindre des réalisations spirituelles. Maitreya, le Bouddha futur a dit : « Tout disciple du Bouddha Shakyamouni qui observe les huit préceptes renaîtra parmi mon entourage. » De plus, nous atteindrons la libération du cycle des existences et finalement le but, l'Eveil, en réalisant la connaissance et les perfections du corps, de la parole et de l'esprit sacrés du Bouddha.

Les désavantages de la transgression des préceptes :

Après avoir promis de ne pas commettre une action négative particulière, la perpétrer plus tard, produit davantage de karma négatif que de l'accomplir dans des circonstances ordinaires. Nous devons comprendre cela clairement avant de nous engager à prendre des vœux. Prendre des préceptes puis les briser équivaut à mentir aux bouddhas ; de plus, comme ils sont pris pour être profitables à tous les êtres, briser des préceptes équivaut également, à mentir à tous les êtres. Une telle négligence laisse sur le courant de conscience des empreintes négatives profondes qui mèneront à des souffrances futures.

Si les préceptes sont transgressés, nous n'obtiendrons pas les bienfaits que nous venons de mentionner. De plus, nous resterons plus longtemps dans le cycle des existences et expérimenterons les souffrances des renaissances infortunées. Si nous sommes près d'obtenir des réalisations, le fait de briser des préceptes entraînera pour nous la perte de la compréhension déjà développée. Il est donc essentiel de prendre les préceptes sérieusement et avec une compréhension juste.

Les huit préceptes

1. Ne pas tuer, c'est-à-dire, causer la mort d'un autre être vivant directement ou indirectement.
2. Ne pas voler, c'est-à-dire, prendre un objet de valeur appartenant à autrui sans autorisation. Cela inclut le fait d'emprunter un objet dans l'intention claire de ne pas le rendre.
3. Ne pas avoir de relation sexuelle ou toute autre type de contact sexuel, l'auto-stimulation inclue.
4. Ne pas mentir, c'est-à-dire, tromper autrui par nos actions

du corps, de la parole et de l'esprit ou demander à quelqu'un de mentir à notre place. Cela inclut le mensonge par insinuation, par exemple, un silence en réponse à une question, qui permettrait ainsi à quelqu'un d'en tirer une conclusion erronée.

5. Ne pas prendre de substances toxiques, c'est-à-dire, de l'alcool, du tabac, des drogues, etc.

6. Ne pas manger plus d'un repas pendant la période de vingt-quatre heures. Le repas doit être pris avant midi, et une fois que nous avons arrêté de manger pendant plus de trente minutes, le repas est considéré comme terminé. Par la suite, il est possible de consommer des liquides légers comme du thé et du café mais pas de lait complet pur, ni de jus de fruits avec la pulpe. Nous devons aussi éviter de consommer certaines nourritures « noires », telles que la viande, les œufs, les oignons, l'ail et les radis.

7. Ne pas s'asseoir sur un lit ou sur un siège élevé et onéreux avec un sentiment d'orgueil. Il faut également éviter les sièges très ornés ou parés de pierreries ainsi que des couvertures en peau d'animal.

8. Ne pas porter de bijoux, de parfum et parures similaires et ne pas chanter, danser ou jouer de la musique avec attachement.

Pour qu'un précepte soit brisé, quatre conditions doivent être réunies.

1. La motivation de l'action doit être une attitude négative tels que l'attachement, l'aversion, etc. ;

2. L'action doit avoir un objet, par exemple, un être tué, un objet volé etc. ;

3. L'action doit être accomplie par nous-mêmes ou par quelqu'un que nous avons accrédité ;

4. L'action doit être terminée, par exemple, la personne que nous tuons doit mourir avant nous. En ce qui concerne un objet volé, nous devons avoir la pensée « ceci est à moi ».

La gravité ou la légèreté d'une action est déterminée par l'intensité de ces quatre facteurs. Par exemple, une action motivée par une colère intense est plus grave que si elle était accomplie par ignorance; ou tuer un être humain est plus sérieux que de tuer un insecte. Pour mieux comprendre ce sujet, nous devons étudier le karma, la loi de causalité.

La cérémonie
Prières préliminaires à dire debout :

Refuge dans le Maître
Le Maître est le Bouddha, le Maître est le Dharma,
le Maître est aussi le Sangha.
Le Maître est la source de tout bonheur :
En tous les Maîtres, je prends refuge. (3 fois)

Production de l'esprit d'Eveil
Je fais naître l'esprit d'Eveil
Pour accomplir mon propre bien et celui d'autrui. (3 fois)

Purification de l'environnement
Puisse la surface du sol devenir pure,
Sans inégalités ni épines;
Plate, comme la paume de la main,
Et de nature lisse comme le lapis lazuli.

Prière d'offrandes
Puissent les offrandes matérielles des dieux et des humains,
Celles réelles et celles imaginées,
Ainsi que des nuées d'offrandes suprêmes du bodhisattva Samantabhadra
Se répandre dans l'étendue entière de l'espace infinie.

Mantra pour bénir et accroître les offrandes

Om namo bagawatè / bèndzè sarwa parma dana / tathagata ya / arhatè / samyak sambouddhaya / tayata / om bèndzè bèndzè / maha bèndzè / maha tèdza bèndzè / maha biya bèndzè / maha bodhitsita bèndzè / maha bodhi mèndo pasam damana bèndzè / sarwa karma awa / rana bicho dana bèndzè soha (3 fois)

Expression du pouvoir de la vérité

Par le pouvoir de la vérité des Trois Joyaux
Et la bénédiction de tous les bouddhas et bodhisattvas ;
Par la grande force de l'accomplissement des mérites
de la méthode et de la sagesse transcendante
Et l'inconcevable sphère pure du Dharma,
Puissent les offrandes visualisées devenir réelles.

Invocation

Vous, le protecteur de tous les êtres sans exception,
Vainqueur des multiples obstacles insoutenables
Vous qui avez compris parfaitement tout ce qui existe,
Venez parmi nous, je vous prie, avec votre entourage.

Faisons maintenant trois prosternations en répétant le mantra : *Om namo manjoushriyé namo soushriyé namo outama shriyé soha.* Puis asseyons-nous.

Les sept branches

Respectueusement, je me prosterne avec mon corps, ma parole et mon esprit
Je présente des nuées de toutes sortes d'offrandes réelles et imaginées.
Je révèle toutes mes actions négatives accumulées depuis des temps sans commencement
Et je me réjouis des mérites de tous les êtres saints et ordinaires.
Demeurez, je vous prie, jusqu'à la fin du samsara

Et tournez la roue du Dharma pour les êtres.
Je dédie les mérites créés par moi-même et par les autres à l'Eveil suprême.

L'offrande du mandala

Cette terre ointe de parfum, jonchée de fleurs,
Ornée du Mont Mérou, des quatre continents, du soleil et de la lune.
Je la visualise comme un champ de bouddhas et je l'offre.
Puissent tous les êtres jouir de cette terre pure.

Sans aucun sentiment de perte, j'offre les objets
De mon attachement de mon aversion et de mon ignorance
- amis, ennemis et étrangers-
Mon corps, ma richesse et mon bien-être.
Acceptez-les avec plaisir, je vous prie
Et bénissez-moi pour me libérer des trois poisons.

Je vous envoie ce mandala de joyaux, O Maître précieux.

Prise des préceptes

O vous tous, bouddhas et bodhisattvas qui résidez dans les dix directions, dans votre sagesse divine, accordez-moi votre attention !
De même que les tathagatas, les arhats (destructeurs de l'ennemi), les bouddhas pleinement éveillés du passé, tel le coursier divin et le puissant éléphant accomplirent leur objectif et leurs tâches, déposèrent leur fardeau, réalisèrent leur propre but et consumèrent leur asservissement au samsara ; tout comme avec une parole parfaite, un esprit réellement affranchi et une sagesse excellemment libérée, ils prirent correctement les préceptes du Mahayana pour le bien de tous les êtres, afin de leur être bénéfique, de les libérer, d'éliminer la famine, de supprimer leurs maladies, de leur permettre de

parfaire toutes les qualités en harmonie avec l'Eveil et de réaliser l'insurpassable Eveil parfait; moi aussi (dire votre nom), à partir de maintenant jusqu'au lever du soleil demain matin, pour le bien de tous les êtres, afin de leur être bénéfique, afin de les libérer, afin d'éliminer la famine, afin de supprimer leurs maladies, afin de leur permettre de parfaire toutes les qualités en harmonie avec l'Eveil et de réaliser l'insurpassable Eveil parfait, je respecterai correctement les préceptes du Mahayana. (3 fois)

Prière d'engagement à observer les préceptes

Dès cet instant, je m'abstiendrai de tuer, de prendre ce qui appartient à autrui, de toute activité sexuelle, de tout mensonge. J'éviterai complètement la consommation de boissons alcoolisées, source de nombreuses fautes. Je m'abstiendrai de manger à des heures incorrectes, de mettre du parfum, des colliers et des bijoux, de danser, de chanter et de toute autre distraction.

En m'abstenant de tuer et ainsi de suite, tout comme les destructeurs de l'ennemi se sont toujours abstenus des actions de tuer, etc., puissè-je rapidement obtenir l'Eveil suprême. Puissé-je être libéré de l'océan du samsara, ce monde qui suscite de nombreuses souffrances.

Mantra purifiant les vœux brisés

Om ahmoga chila sambara bara bara maha chouddha sato péma biboukité boudzé dara dara samanta avalokité houm pè soha (21 fois)

Prières de dédicaces

Avec une éthique dénuée de fautes, en accord avec la loi du Dharma
Et une conduite morale pure sans la moindre trace d'orgueil,
Puissé-je parachever la perfection de la moralité

Puisse l'esprit d'Eveil précieux et suprême
Naître là où il n'est pas né,
Ne pas dégénérer là où il est déjà apparu,
Mais s'accroître de plus en plus.

Dans toutes mes renaissances, puissé-je être toujours uni à mes Maîtres parfaits
Et jouir du Dharma magnifique ;
Puissé-je compléter parfaitement les étapes et les voies
Et atteindre rapidement l'état de Vajradhara.
Grâce à ces vertus, puissent tous les êtres
Parfaire les deux accumulations du mérite et de la sagesse
Et obtenir les corps sacrés
Nés du mérite et de la sagesse

Tout comme le brave Manjoushri ainsi que Samantabhadra
Ont réalisé les choses telles qu'elles sont,
Je dédie tous ces mérites de la manière la plus excellente
Afin de suivre leur exemple.

Par cette dédicace louée comme parfaite
Par les victorieux, ceux ainsi-allés, des trois temps
Je dédie toutes ces sources de vertu
Afin que je puisse accomplir des œuvres nobles.

A la fin de la journée, dédions les mérites accumulés par l'observance des préceptes.

Grâce à ces mérites,
Puissé-je atteindre l'Eveil en réalisant
Le renoncement, l'esprit d'Eveil et la vacuité,
Pour le bien de tous les êtres.

8. La Confession des Transgressions Morales d'un Bodhisattva

Une discipline morale pure est essentielle à la réalisation des étapes progressives de la voie vers l'Eveil. Elle est l'une des six perfections ou pratiques d'un bodhisattva et requiert la création d'actions positives ainsi que la purification des actions négatives et des vœux brisés. Connue aussi sous le nom de *Prière de confession aux trente-cinq bouddhas*, elle n'est qu'une des méthodes, parmi tant d'autres, utilisée pour la purification.

Les actions négatives ne peuvent être entièrement purifiées que par l'utilisation des quatre forces curatives (voir p. 176). Ces dernières sont inclues dans la prière de confession : la force du support dans l'expression explicite du refuge dans les Maîtres, le Bouddha, le Dharma et le Sangha ; la force du remède dans la récitation des noms des trente-cinq bouddhas ; la force du regret dans le souvenir des actions négatives que nous avons créées dans le passé ; et la force de la promesse dans la ligne « à partir de maintenant je promets de m'abstenir de ces actions ». Pour compléter les quatre forces, nous devons commencer par établir une motivation pure de l'esprit d'Eveil pour faire la pratique.

Cette méthode est particulièrement puissante si elle pratiquée dès le matin pour purifier toutes les négativités créées durant la nuit et en dernière pratique le soir pour purifier les négativités créées durant la journée. La manière la plus efficace d'utiliser la prière est de la réciter en visualisant mentalement les trente-cinq bouddhas et en nous prosternant physiquement (p. 174). Ainsi, notre esprit, notre parole et notre corps prennent tous part au processus de purification.

La pratique

Visualisons les trente-cinq bouddhas. La figure centrale, le Bouddha Shakyamouni, est visualisée dans l'espace devant nous et juste un peu au-dessus de notre tête. Il est assis sur un trône en nacre soutenu par un éléphant. La nacre blanche symbolise la purification totale des négativités et l'éléphant, cet animal puissant, symbolise une puissante purification. Le Bouddha est assis dans la posture du vajra et porte les robes de moine; sa main droite fait le geste de toucher la terre alors que la gauche se trouve sur ses genoux et tient un bol rempli de nectar. Trente-quatre rayons de lumière sont émis de son cœur : dix vers le haut, dix vers le bas et sept de chaque côté. Au bout de chaque rayon se trouve un trône en nacre soutenu par un éléphant. Les trente-quatre bouddhas qui restent sont assis sur ces trônes dans la posture du vajra; tous ont l'aspect de moines.

Pendant que nous récitons la prière, des rayons de lumière s'écoulent des bouddhas, purifiant toutes les négativités de notre corps, de notre parole et de notre esprit. Immédiatement, nos empreintes négatives disparaissent entièrement, tout comme l'obscurité d'une pièce disparaît dès que nous allumons la lumière. Ressentons que notre corps et notre esprit deviennent de nature complètement vide et pure.

Faisons d'abord trois prosternations, en récitant chaque fois le mantra suivant : *Om namo manjoushriyé namo soushriyé namo outama shriyé soha.*

Continuons à nous prosterner tout en récitant la prière ci-dessous, en français ou en tibétain (p. 236). Si nous n'avons pas mémorisé la prière, lisons-la une fois et faisons des prosternations en ne récitant que les noms des bouddhas. Lorsque nous avons terminé de nous prosterner, relisons toute la prière.

Moi, qui répond au nom de (citons notre nom), *je prends refuge, pour toujours, dans le Lama ; je prends refuge dans le Bouddha ; je prends refuge dans le Dharma ; je prends refuge dans le Sangha.*

Au fondateur, Destructeur transcendant, Tathagata, Destructeur de l'Ennemi, Eveillé parfait, glorieux Conquérant des Shakya, je rends hommage.

Au Tathagata, grand destructeur par l'essence du vajra, je rends hommage.

Au Tathagata, précieux rayonnant de lumière, je rends hommage.

Au Tathagata, roi qui règne sur les nagas, je rends hommage.

Au Tathagata, assemblée des héros, je rends hommage.

Au Tathagata, glorieux et joyeux, je rends hommage.

Au Tathagata, feu précieux, je rends hommage.

Au Tathagata, clair de lune précieux, je rends hommage.

Au Tathagata, bénéfique à voir, je rends hommage.

Au Tathagata, lune précieuse, je rends hommage.

Au Tathagata, immaculé, je rends hommage.

Au Tathagata, glorieux donneur, je rends hommage.

Au Tathagata, être pur, je rends hommage.

Au Tathagata, issu de la pureté, je rends hommage.

Au Tathagata, dieu de l'eau, je rends hommage.

Au Tathagata, dieu des dieux de l'eau, je rends hommage.

Au Tathagata, glorieux et noble, je rends hommage.

Au Tathagata, glorieux bois de santal, je rends hommage.

Au Tathagata, splendeur infinie, je rends hommage.

Au Tathagata, lumière glorieuse, je rends hommage.

Au Tathagata, glorieux sans chagrin, je rends hommage.

Au Tathagata, fils de l'être sans désir, je rends hommage.

Au Tathagata, fleur glorieuse, je rends hommage.

Au Tathagata, qui en jouissant de la lumière radieuse de la pureté, obtient la connaissance parfaite, je rends hommage

Au Tathagata, qui en jouissant de la lumière du lotus, obtient la connaissance parfaite, je rends hommage.

Au Tathagata, glorieuse richesse, je rends hommage.
Au Tathagata, glorieuse mémoire, je rends hommage.
Au Tathagata, nom glorieux très connu, je rends hommage.
Au Tathagata, roi détenant la bannière de victoire du pouvoir suprême, je rends hommage.
Au Tathagata, glorieux qui subjugue tout parfaitement, je rends hommage.
Au Tathagata, vainqueur dans toutes les batailles, je rends hommage.
Au Tathagata, glorieux qui a atteint la perfection du contrôle de soi, je rends hommage.
Au Tathagata, glorieux illuminant toutes les apparences, je rends hommage.
Au Tathagata, lotus précieux qui subjugue tout, je rends hommage.
Au Tathagata, destructeur de l'ennemi, bouddha pleinement éveillé, roi régnant sur le Mont Mérou qui est assis fermement sur des joyaux et un lotus, je rends hommage

Trente-cinq bouddhas, tathagatas, destructeurs de l'ennemi, êtres pleinement éveillés, destructeurs transcendants, qui existez, subsistez et vivez dans les dix directions des mondes des êtres vivants. vous tous, bouddhas, accordez-moi votre attention.
En cette vie et au cours de naissances innombrables, dans les divers royaumes du samsara, j'ai commis des actions négatives, incité autrui à en commettre et me suis réjoui de ces actes. J'ai dérobé des offrandes faites aux stoupas ou au Sangha, ou encore volé ce qui appartient à cette noble assemblée des dix directions. J'ai incité autrui à créer ces actions (négatives) et je me suis réjoui de leurs actes.
J'ai commis les cinq actes extrêmement nuisibles, incité autrui à les commettre et m'en suis réjoui.
J'ai commis les dix actions non vertueuses, incité autrui à les commettre et m'en suis réjoui.

Aveuglé par toutes ces mauvaises actions, j'ai créé les causes pour moi-même et pour autrui de renaître dans des états infortunés, comme êtres des enfers, esprits avides ou animaux; dans des contrées où la Doctrine est absente, parmi les barbares, comme dieux à longue vie où comme des êtres ayant des facultés des sens imparfaites, des idées fausses ou encore qui sont mécontents de la présence d'un bouddha.
Aujourd'hui, en présence de tous ces bouddhas et destructeurs transcendants qui sont devenus la sagesse transcendante, l'œil de compassion, les témoins infaillibles et valides qui perçoivent avec leur esprit omniscient, je confesse ces actions négatives en les révélant sans dissimulation et désormais, je m'abstiendrai de les perpétrer.
Bouddhas et destructeurs transcendants, écoutez-moi, je vous prie !
Dans cette vie et au cours de vies innombrables, dans tous les royaumes du cycle des existences, si j'ai créé la moindre cause de vertu par un brin de charité en donnant une bouchée de nourriture à un animal, par exemple, si j'ai créé la moindre cause de vertu en observant une éthique pure, si j'ai créé la moindre cause de vertu en respectant une conduite pure, si j'ai créé la moindre cause de vertu en faisant mûrir pleinement l'esprit d'autrui, si j'ai créé la moindre cause de vertu en engendrant l'esprit d'Eveil, et si j'ai créé la moindre cause de vertu en cultivant la plus haute sagesse transcendante, que mes mérites et ceux d'autrui soient alors rassemblés et immédiatement dédiés à ce qu'il y a de plus élevé et que rien ne peut surpasser, à ce qui dépasse ce qu'il y a de plus élevé, au plus haut du plus haut, à ce qui surpasse les destructeurs de l'ennemi. Ainsi, je les dédie complètement à l'Eveil insurpassable et pleinement accompli.
Tout comme le firent les bouddhas et les destructeurs transcendants du passé, comme le feront les bouddhas et les destructeurs transcendants à venir, comme le font les bouddhas

et les destructeurs transcendants d'aujourd'hui, j'en fais aussi la pleine dédicace.
Je confesse une à une toutes mes actions négatives et je me réjouis de tous les mérites que j'ai accumulés. J'implore les bouddhas d'exaucer ma requête : réaliser la suprême sagesse transcendante, parfaite et sublime.
Dans les sublimes rois des êtres humains, qui vivent actuellement, qui vécurent jadis et qui ne sont pas encore apparus, en tous ceux dont la connaissance est aussi vaste que l'océan sans limites, les mains jointes dans le moudra de prosternation, je prends refuge.

*P*honétique des *P*rieres en *T*ibétain

Prieres à réciter au début d'une session de méditation

1. Prière de refuge et production de l'esprit d'Eveil
Sang gyè tcheu tang tsok kyi tchok nam la
tchang tchoup par tou dak ni kyap sou tchi
dak ki djine sok gyi pè seu nam kyi
dro la pène tchir sang gyè droup par chok (3 fois)

2. Les quatres pensées incommensurables
Sém tchène tam tchè de wa tang de wè gyou tang dène par gyour tchik
sém tchène tam tchè douk nguèl tang douk nguèl gyi gyou tang drèl war gyour tchik
sém tchène tam tchè douk nguèl mé pè dé wa tang mi drèl war gyour tchik
sém tchène tam tchè nyé ring tchak tang nyi tang drèl wè tang nyom la nè par gyour tchik

3. Refuge dans le Maître
La ma sang gyè la ma tcheu
té chine la ma gué dune té
koune gyi djé po la ma té
la ma nam la kyap sou tchi (3 fois)

4. Les sept branches
Go soum gu pè go nè tchak tsèl lo
ngueu cham yi trul tcheu trine ma lu bul
tok mé nè sak dik toung tam tchè chak
kyé pak gué wa nam la djé yi rang
kor wa ma tong par tou lék chouk nè
dro la tcheu kyi kor lo kor wa tang
dak chène gué nam tchang tchoup tchène por ngo

5. L'offrande du mandala
Longue offrande du mandala
Om vajra bhoumi ah houm
wang tchène sér gyi sa chi
om vajra rékhé ah
tchi tchak ri kor you gyi / kor wè u sou / ri gyèl po ri rap
char lu pak po / lho dzam bou ling
noup ba lang tcheu / djang dra mi nyène
lu tang lu pak / nga yap tang nga yap chène
yeu dène tang lam tchok dro /dra mi nyène tang dra mi nyène gyi da
rine po tché ri wo / pak sam gyi ching
deu djeu yeu ba / ma meu pa yi lo tok
kor lo rine po tché / nor pou rine po tché
tsune mo rine po tché / leune po rine po tché
lang po rine po tché / ta tchok rine po tché
mak peune rine po tché / tèr tchène peu yi boum pa
guèk ma / tréng wa ma / lou ma / gar ma
mè tok ma / douk peu ma / nang sèl ma / dri tchap ma
nyi ma / da wa / rine po tché douk
tchok lè nam par gyèl wè gyèl tsène
u sou lha tang mi yi pèl djor pune soum tsok pa
ma tsang wa mè pa tsang ching yi dou ong wa
di dak drine tchène tsa wa / kyé pér du yang nyé mé shak ya
tang gyu par tchè pèl dène / la ma dam pa nam tang

tchène po lha tsok kor tang tchè pè nam la / ching kam bul war chou
touk djé dro wè deune tou ché sou seul
ché nè dak sok dro wa mar gyour nam kè ta tang nyam pè sém tchène tam tchè la
touk tsé wa tchène peu go nè tchine gyi lap tou seul

Mandala court
Sa chi peu kyi tchouk ching mé tok tram
ri rap ling chi nyi dè gyène pa di
sang gyè ching tou mik té ul war gyi
dro kune nam tak ching la tcheu par chok

Mandala intérieur
Dak gi tchak tang mong soum kyé pè yul
dra nyène par soum lu tang long tcheu tchè
pang pa mé par bul gyi lék ché nè
douk soum rang sar dreul war tchine gyi lop

Idam gourou ratna mandala kam nirya taya mi

PRIERES À RÉCITER À LA FIN D'UNE SESSION DE MÉDITATION

6. Dédicace des mérites
gué wa di yi nyour tou dak
la ma sang gyè droup gyour nè
dro wa tchik kyang ma lu pa
té yi sa la gueu par chok

7. Prière de l'esprit dEveil
tchang tchoup sém tchok rine po tché
ma kyé pa nam kyé gyour tchik
kyé pa nyam pa mé pa yang
kong nè kong tou pèl war chok

Priere à Tara

Om tchom dène dè ma pak ma dreul ma la tchak tsèl lo
tchak tsèl dreul ma taré pèl mo
touttara yi djik kune sèl ma
touré teune nam tam tchè tér ma
soha yi gué tché la rap tou

Les huit préceptes du Mahayana

Refuge
La ma sang gyè la ma tcheu / té chine la ma gué dune té
kune gyi djé po la ma té / la ma nam la kyap sou tchi

Production de l'esprit d'Eveil
Dak tang chène teune droup lè
tou dak gyi tchang tchoup sém kye teu

Purification de l'environnement
Tam tchè du ni sa chi dak
sék ma la sok mé pa tang
lak til tar nyam bè dour yè
rang chine djam por nè gyour tchik

Prière d'offrande
Lha tang mi yi tcheu pè dzè
ngueu sou cham tang yi kyi trul
kune sang tcheu trine la na mé
nam kè kam kune kyap gyour tchik

Mantra pour bénir et accroître les offrandes
Om namo bakawatè / bèndzè sarwa parma dana / tathagata ya / arhatè / samyak sambouddhaya / tayata / om bèndzè bèndzè / maha bèndzè / maha tèdza bèndzè / maha biya bèndzè / maha

bodhitsita bèndzè / maha bodhi mèndo pasam damana bèndzè / sarwa karma awa / rana bicho dana bèndzè soha (3 fois)

Expression du pouvoir de la vérité
Keune tchok soum gyi dène pa tang
sang gyè tang tchang tchoup sém pa tam tchè kyi
tchine gyi lap tang tsok nyi yong sou dzok pè
nga tang tchène po tang
tcheu kyi ying nam par dak tching sam gyi mi kyap pè
top kyi té chine nyi tou gyour tchik

Invocation
Ma lu sém tchène kune gyi gueune gyour tching
du té poung tchè mi sè djom dzè lha
ngueu nam ma lu yang tak kyène gyour pè
tchom dène kor tchè nè dir chék sou seul.

Prosternations
Om namo manjoushri yé namo sou shri yé namo outama shri yé soha
(Puis asseyons-nous)

La prière à sept branches
Go soum gu pè go nè tchak tsèl lo
ngueu cham yi trul tcheu trine ma lu bul
tok mé nè sak dik toung tam tchè chak
kyé pak gué wa nam la djé yi rang
kor wa ma tong par tou lék chouk nè
dro la tcheu kyi kor lo kor wa tang
dak chène gué nam tchang tchoup tchène por ngo

L'offrande du mandala
Sa chi peu kyi tchouk ching mé tok tram
ri rap ling chi nyi dé gyène pa di

sang gyè ching tou mik té ul war gyi
dro kune nam tak ching la tcheu par chok

Dak gi tchak tang mong soum kyé pè yul
dra nyène par soum lu tang long tcheu tchè
pang pa mé par bul gyi lék ché nè
douk soum rang sar dreul war tchine gyi lop

Idam gou rou ratna mandala kam nirya ta ya mi

Prise des préceptes.
Tchok tchou na chouk pè sang gyè tang / tchang tchoup sém pa tam tchè dak la gong sou seul (lop peune gong sou seul) / tchi tar ngueune gyi té chine chék pa dra tchom pa yang tak par dzok pè sang gyè ta tchang ché ta pou / lang po tchène po / tcha wa tchè ching tché pa tchè pa / kour por wa / rang ki teune djé sou top pa si par kune tou djor wa yong sou sè pa / yang tak pè ka / lék par nam par treul wè touk / lék par nam par treul wè ché rap tchène té tak ki / sém tchène tam tchè kyi teune gyi tchir tang / pène par tcha wè tchir tang / treul war tcha wè tchir tang / mou ké mé par tcha wè tchir tang / nè mé par tcha wè tchir tang / tchang tchoup kyi tchok kyi tcheu nam yong sou dzok par tcha wè tchir tang / la na mé pa yang tak par dzok pè tchang tchoup ngué par tok par tcha wè tchir so djong yang tak par dzè pa té chine tou dak ming di (notre nom) ché gyi wè kyang / tu di nè soung té tchi si sang nyi ma ma char gyi par tou / sém tchène tam tchè kyi teune gyi tchir tang / pène par tcha wè tchir tang / treul war tcha wè tchir tang / mou ké mé par tcha wè tchir tang / nè mé par tcha wè tchir tang / tchang tchoup kyi tchok kyi tcheu nam yong sou dzok par tcha wè tchir tang / la na mé pa yang tak par dzok pè tchang tchoup ngué par tok par tcha wè tchir so djong yang tak par lang war gyi'o.

Prière des préceptes proprement dits

Téng nè sok tcheu mi tcha ching / chène gyi nor yang lang mi tcha / trik pè tcheu kyang mi tcheu tching / dzune gyi tsik kyang mi na'o / kyeune ni mang po nyér tène pè / tchang ni yong sou pang war tcha / tri tène tché to mi tcha ching / té chi-ne tu ma yine pè sè / tri tang tréng wa gyène tang ni / kar tang lou sok pang war tcha / tchi tar dra tchom tak tou ni / sok tcheu la sok mi tché tar / té chine sok tcheu la sok pang la mé tchang tchoup nyour top chok / douk nguèl mang trouk djik tène di / si pè tso lè dreul war chok.

Mantra purifiant les vœux brisés

Om ahmoga chila sambara bara bara maha chouddha sato péma biboukité boudzé dara dara samanta avalokité houm pè soha

Prières de dédicaces

Trim kyi tsul trim kyeune mé ching
tsul trim nam par tak tang dène
lom sém mé pè tsul trim kyi
tsul trim pa reul tchine dzok chok.

Tchang tchoup sém tchok rine po tché
ma kyé pa nam kyé gyour tchik
kyé pa nyam pa mé pa yang
kong nè kong tou pèl war chok

Kyé wa koune tou yang dak la ma tang
drèl mé tcheu kyi pèl la long tcheu tching
sa tang lam gyi yeune tène rap dzok nè
dor djé tchang ki ko pang nyour top chok

Gué wa di yi kyè bo kune
seu nam yé ché tsok dzok ching

seu nam yé ché lé djoung wè
dam pa kou nyi top par chok

Djam pèl pa weu dji tar kyène pa dang
koune tou zang po dé yang té chine té
dé dak koune gyi djé sou dak lop tchir
gué wa di dak tam tchè rap tou ngo

Du soum chék pè gyèl wa tam tchè kyi
ngo wa kang la tchok tou ngak pa té
dak ki gué wè tsa wa di koune kyang
sang po tcheu tchir rap tou ngo war gyi

LA CONFESSION DES TRANSGRESSIONS MORALES D'UN BODHISATTVA

Dak ming (notre nom) di ché gyi wa / tu tak tou la ma la kyap sou tchi'o / sang gyè la kyap sou tchi'o / tcheu la kyap sou tchi'o / gué dune la kyap sou tchi'o

teune pa tchom dène dè té chine chék pa dra tchom pa yang tak par dzok pè sang gyè pèl gyèl wa cha kya toup pa la tchak tsèl lo
té chine chék pa dor djé nying peu rap tou djom pa la tchak tsèl lo
té chine chék pa rine tchène eu tro la tchak tsèl lo
té chine chék pa lou wang ki gyèl po la tchak tsèl lo
té chine chék pa pa weu dé la tchak tsèl lo
té chine chék pa pèl gyé la tchak tsèl lo
té chine chék pa rine tchène mé la tchak tsèl lo
té chine chék pa rine tchène da eu la tchak tsèl lo
té chine chék pa tong wa teune yeu la tchak tsèl lo
té chine chék pa rine tchène da wa la tchak tsèl lo
té chine chék pa tri ma mé pa la tchak tsèl lo

té chine chék pa pèl tchine la tchak tsèl lo
té chine chék pa tsang pa la tchak tsèl lo
té chine chék pa tsang pè tchine la tchak tsèl lo
té chine chék pa tchou lha la tchak tsèl lo
té chine chék pa tchou lhè lha la tchak sèl lo
té chine chék pa pèl sang la tchak tsèl lo
té chine chék pa tsène tène pel la tchak tsèl lo
té chine chék pa si dji ta yè la tchak tsèl lo
té chine chék pa eu pèl la tchak tsèl lo
té chine chék pa nya nguène mé pè pèl la tchak tsèl lo
té chine chék pa sé mé kyi pou la tchak tsèl lo
té chine chék pa mé tok pèl la tchak tsèl lo
té chine chék pa tsang pè eu ser nam par reul pè ngueune par kyène pa la tchak tsèl lo
té chine chék pa pémè eu ser nam par reul pè ngueune par kyène pa la tchak tsèl lo
té chine chék pa nor pèl la tchak tsèl lo
té chine chék pa trène pè pèl la tchak tsèl lo
té chine chék pa tsène pèl chine tou yong trak la tchak tsèl lo
té chine chék pa wang peu tok ki gyèl tsène gyi gyèl po la tchak tsèl lo
té chine chék pa chine tou nam par neune pè pèl la tchak tsèl lo
té chine chék pa yul lè chine tou nam par gyèl wa la tchak tsèl lo
té chine chék pa nam par neune pè chék pè pèl la tchak tsèl lo
té chine chék pa kune nè nang wa keu pè pèl la tchak tsèl lo
té chine chék pa rine tchène pémè nam par neune pa la tchak tsèl lo
té chine chék pa dra tchom pa yang tak par dzok pè sang gyè rine po tché tang péma la rap tou chouk pa ri wang ki gyèl po la tchak tsèl lo

té tak la sok pa tchok tchu djik tène gyi kam tam tchè na té chine chék pa dra tchom pa yang tak par dzok pè sang gyè tchom dène dè kang tchi nyé tchik chouk té tso ching ché pè sang gyè tchom dène dè té tak tam tchè dak la gong sou seul

dak ki kyé wa di tang / kyé wa tok mè ta ma ma tchi pa nè kor wa na kor wè kyé nè tam tchè tou dik pè lè gyi pa tang / gyi tou tsèl pa tang / gyi pa la djé sou yi rang wa am / tcheu tène gyi kor ram / gué dune gyi kor ram / tchok tchu gué dune gyi kor trok pa tang / trok tou tchouk pa tang / trok pa la djé sou yi rang wa am /
tsam ma tchi pa nguè lè gyi pa tang / gyi tou tsèl wa tang / gyi pa la djé sou yi rang wa am
mi gué wa tchu lè kyi lam yang tak par lang wa la chouk pa tang / djouk tou tsèl wa tang / chouk pa la djé sou yi rang wa am

lè kyi drip pa kang ki drip nè dak sém tchène nyèl war tchi wa am / tu dreu kyé nè sou tchi wa am / yi tak kyi yul tou tchi wa am / yul ta kop tou kyé wa am / la lor kyé wa am / lha tsé ring po nam sou kyé wa am / wang po ma tsang war gyour wa am / ta wa lok par dzine par gyour wa am

sang gyè djoung wa la nyé par mi gyi par gyour wè lè kyi drip pa kang lak pa té tak tam tchè sang gyè tchom dène dè yé ché sou gyour pa / tchène tou gyour pa / pang tou gyour pa / tsé mar gyour pa / gyène pè sik pa té tak ki tchène ngar tol lo / tchak so / mi tchap po / mi bé to / léne tchè kyang tcheu tching dom par gyi lék so /

sang gyè tchom dène dè té tak tam tchè dak la gong sou seul / dak ki kyé wa di tang / kyé wa tok mè ta ma ma tchi pa nè kor wa na kor wè kyé nè chène tak tou djine pa ta na tu dreu kyé nè sou kyé pa la sè kam tchik tsam tsèl wè gué wè tsa wa kang lak pa tang / dak ki tsul trim soung pè gué wè tsa wa kang lak pa tang / dak ki tsang par tcheu pè gué wè tsa wa kang lak pa tang

/ dak ki sém tchène yong sou mine par gyi pè gué wè tsa wa kang lak pa tang / dak ki tchang tchoup tchok tou sém kyé pè gué wè tsa wa kang lak pa tang / dak ki la na mé pè yé ché kyi gué wè tsa wa kang lak pa té tak tam tchè tchik tou du ching doum te dom nè la na ma tchi pa tang / kong na ma tchi pa tang / kong mè yang kong ma / la mè yang la mar yong sou ngueu wè la na mé pa yang tak par dzok pè tchang tchoup tou yong sou ngo war gyi'o

tchi tar dè pè sang gyè tchom dène dè nam kyi yong sou ngueu pa tang / tchi tar ma tcheune pè sang gyè tchom dène dè nam kyi yong sou ngo war gyour wa tang / tchi tar ta tar chouk pè sang gyè tchom dène dè nam kyi yong sou ngo war dzè pa té chine tou dak ki kyang yong sou ngo war gyi'o

dik pa tam tchè ni so sor chak so / seu nam tam tchè la ni djé sou yi rang ngo
sang gyè tam tchè la ni kul ching seul wa dep so / dak ki la na me pè yé ché kyi tchok tam pa top par gyour tchik
mi tchok gyèl wa kang tak ta tar chouk pa tang / kang tak dè pa tak tang té chine kang ma tcheune / yeune tène ngak pa ta yè gya tso dra kune la / tèl mo djar war gyi té kyap sou nyé war tchi'o

GLOSSAIRE

Amour : Le souhait que tous les êtres soient heureux.

Arya (Skt) : Un être noble ; un être supérieur ayant atteint la perception juste de la nature véritable de la réalité.

Asoura (Skt) : Un être céleste qui jouit d'un confort et d'un plaisir plus grand que les êtres humains, mais qui est cependant insatisfait et souffre de jalousie.

Bhagawan (Skt) : Qualificatif d'un bouddha, signifiant celui qui a détruit tous les obstacles, qui est doté de réalisations et qui a transcendé le monde.

Bodhicitta (Skt) : L'aspiration à atteindre l'Eveil complet afin d'éveiller tous les êtres.

Bodhisattva (Skt) : Un être recherchant l'Eveil avec la motivation de bodhicitta, c'est-à-dire afin de libérer tous les autres êtres de la confusion et de la souffrance.

Bouddha (Skt) : Un être éveillé ; un être complètement illuminé ; celui qui a surmonté tous les obstacles et parachevé toutes les qualités excellentes et est ainsi capable d'être pleinement bénéfique aux autres êtres.

Bouddhéité : Voir Eveil.

Canal central : Le canal principal du système nerveux psychique, dans lequel l'esprit circule dans le corps; il est parallèle à la colonne vertébrale et va du sommet de la tête jusqu'à l'extrémité de l'organe sexuel.

Causalité (loi de cause à effet) : Le processus par lequel les actions vertueuses mènent au bonheur et les actions non vertueuses à la souffrance; la loi du karma.

Celui allé au-delà, l'ainsi allé (*Skt. Tathagata*) : Epithète d'un Bouddha.

Compassion : Le souhait que tous les êtres soient séparés de leurs problèmes.

Cycle des existences (ou existence cyclique) : Le cycle de la mort et de la renaissance, chargé de souffrance et d'insatisfaction, qui proviennent de l'ignorance de la nature véritable de la réalité.

Dharma (Skt) : Enseignements spirituels; toute technique ou connaissance qui nous libère de la confusion et de la souffrance. Signifie parfois « phénomènes ».

Déité de méditation : Une figure visualisée, utilisée en méditation, représentant un aspect particulier de l'esprit pleinement éveillé; par exemple, Tara et Avalokitéshvara.

Destructeur de l'ennemi (*Skt. Arhat*) : Celui qui a atteint le nirvana ou la libération complète de la souffrance, mais n'a pas encore atteint l'Eveil.

Djé Tsongkhapa : Grand érudit, Maître et yogi tibétain du XIVème siècle.

Emotions conflictuelles (émotions perturbatrices ou perturbations) : Un aspect de l'esprit qui comprend mal la nature des choses et communique avec les êtres et les situations d'une manière erronée et nuisible provoquant ainsi des problèmes et de la souffrance. Les exemples sont la colère, l'orgueil et la jalousie.

Etre (ou être sensible) : Un être qui n'a pas encore atteint l'Eveil.

Eveil : Elimination complète de tous les aspects négatifs de l'esprit et perfection de toutes les qualités positives.

Existence intrinsèque : Le mode d'existence des choses conçu de manière erronée; l'existence apparente d'une chose de son propre côté, indépendamment de parties, de causes ou le processus de désignation conceptuelle; ce qui est nié par la vacuité.

Esprit avide (*Skt. Préta*) : Un être non humain qui expérimente dintenses souffrances de faim, de soif, de chaud et de froid.

Gourou (Skt) (*Tib. Lama*) : Maître spirituel et guide.

Ignorance : La racine de l'existence cyclique; ne pas connaître le mode d'existence véritable des choses.

Karma (Skt) : Voir cause et effet.

Lama (Tib) : Voir gourou.

Libération : L'état de liberation individuelle complète de la souffrance et de ses causes (émotions perturbatrices et karma).

Mahayana (Skt) : Grand véhicule de ceux recherchant l'Eveil pour être profitable à autrui.

Maitréya : Le prochain Bouddha-fondateur à venir, lorsue les enseignements du Bouddha Shakyamouni auront disparu de ce monde.

Mandala (Skt) : Pratique d'offrande mentale de l'univers entier; un environnement particulier.

Mantra (Skt) : Mots puissants; syllabes, généralement sanskrites, récitées lors de certaines pratiques de méditation.

Méditation : Le processus permettant de connaître profondément son propre esprit.

Mérite : Compréhension, pouvoir ou énergie conférée à l'esprit lorsque nous accomplissons des actions vertueuses.

Mont Mérou : Le centre de l'univers selon la cosmologie bouddhique.

Nirvana (Skt) : Voir libération.

Refuge : L'attitude de s'en remettre à quelqu'un ou quelque chose pour obtenir des conseils et de l'aide. Dans le Bouddhisme nous prenons refuge dans les trois sublimes : le Bouddha, le Dharma et le Sangha.

Renoncement : L'attitude de détachement complet des expériences du samsara, qui voit qu'il n'y a pas de vrai plaisir ou de satisfaction à y trouver.

Samsara (Skt) : Voir cycle des existences.

Sangha (Skt) : Communauté monastique qui suit l'enseignement du Bouddha ; plus particulièrement, l'assemblée des êtres supérieurs (*Skt. Arya*) sur la voie de la libération et de l'Eveil. Amis spirituels qui nous aident dans notre pratique du Dharma.

Shakyamouni : Le Bouddha-fondateur de notre ère.

Soura (Skt) : Etre céleste qui jouit des plaisirs les plus élevés que l'on puisse trouver dans le cycle des existences.

Tantra (Skt) : Enseignements avancés du Bouddha menant à l'obtention rapide de l'Eveil : mantrayana, vajrayana.

Tathagata (Skt) : Voir « celui allé au-delà ».

Terre pure : Un état d'existence en dehors du samsara où toutes les conditions sont favorables pour atteindre l'Eveil complet ; le champ d'un bouddha.

Trois Joyaux (les trois sublimes) : Les objets du refuge bouddhiste : le Bouddha, le Dharma et le Sangha.

Vacuité : Le mode véritable d'existence de toutes les choses, l'absence de l'existence intrinsèque apparente des choses.

Vajra (Skt) (*Tib. Dordjé*) : Sceptre adamantin tenu par certaines déités de méditation, qui représente la bodhicitta, l'esprit d'Eveil. Adamantin, pur.

Vajrayana (Skt) : La voie du tantra.

Voie graduée (ou progressive) : Enseignements exposant les grandes lignes de l'entraînement progressif de l'esprit menant à l'Eveil.

Suggestions d'Ouvrages à Lire

Fortement recommandé

Fondamental

Cent éléphants sur un brin d'herbe (Ed. du Seuil 1990)
Tenzin Gyatso, XIVème Dalaï Lama
Un ensemble de discours traitant de thèmes allant de l'amour, la compassion et l'altruisme à des conseils pour atteindre la clarté de l'esprit, pour développer la sagesse et pour aider la société.

Etre une île (Ed. Dharma 1997)
Khéma Ayya
Les thèmes développés dans ce livre sur la base du refuge, entre autres : vivre en harmonie, communiquer pleinement, traiter l'ignorance, vider et déployer l'esprit jusqu'à l'impossible, amènent graduellement le travail quotidien jusqu'à la libération ici et maintenant.

Conseils d'un Ami Spirituel (Ed. Vajra Yogini, 1990)
Guéshé Rabten et Guéshé Ngawang Dhargyey
Une compilation des instructions essentielles de l'entraînement de la pensée du Mahayana, montrant comment notre égocentrisme étriqué peut être transmuté dans l'esprit vaste de la compassion chaleureuse et de la sagesse. Elles proviennent des enseignements

de deux Maîtres spirituels respectés en tant que pratiquants irréprochables de ces méthodes mêmes.

L'Enseignement du Bouddha (Ed. du Seuil 1961)
Walpola Rahula
Toujours encore l'une des meilleures introductions au Bouddhisme par un moine érudit renommé de Sri Lanka. Clair et qui fait autorité.

Esprit Zen, Esprit Neuf (Ed. du Seuil 1977)
Dhunryu Suzuki
Un classique. Discours informels sur la méditation et la pratique Zen convenant aux méditants débutants et expérimentés.

L'art du travail intérieur (Ed. Dervy 1993)
Tarthang Tulkou
Les dimensions psychologiques du travail sont explorées et des obstacles tels que le ressentiment et la manipulation sont abordés en montrant comment même des travaux mondains peuvent apporter des occasions de développement personnel.

L'ouverture de l'esprit (Ed. Dervy 1994)
Ce livre met l'accent sur le travail avec les émotions et le développement de la pratique de méditation. Il nous propose d'apprendre à nous déconditionner de nos propres structures négatives et à dépasser les limites de l'anxiété, de l'ennui et de la frustration.

La paix, un art, une pratique
Une approche bouddhique (Le centurion 1987)
Thich Nhat Hanh
Un lauréat du prix Nobel de la Paix décrit l'importance de la paix intérieure pour le développement de l'harmonie et de la paix dans le monde.

La respiration essentielle (Albin Michel 1996)
Une traduction d'un texte bouddhiste essentiel concernant la méditation sur le souffle.

Pratique de la voie tibétaine (Ed. du Seuil 1976)
Chögyam Trungpa
Les problèmes rencontrés par ceux qui ont une quête spirituelle sont examinés par un Lama tibétain ayant une connaissance approfondie de l'esprit occidental.

Le Mythe de la Liberté (Ed. du Seuil 1979)
Une explication du rôle que la méditation et la dévotion peut jouer dans le fait de détecter des sources de frustration et de permettre à ces forces négatives de devenir des véhicules pour la réalisation de la véritable liberté.

L'Espace du Tantra (Ed. Vajra Yogini 1994)
Lama Thoubten Yéshé
Une introduction concise aux techniques de méditation profondes du tantra. Une manière puissante de changer notre esprit et notre vie.

L'énergie de la Sagesse (Ed. Vajra Yogini 1994)
Yéshé Lama Thoubten et Zopa Rinpoché
Une introduction au Bouddhisme simple mais irrésistible par deux Lamas Tibétains réputés pour leur compréhension et habileté à communiquer. Un cours complet de méditation y est inclus.

Intermédiaire
La mort, l'état intermédiaire et la renaissance (Ed. Dharma 1980)
Lati Rinpoché et Jeffrey Hopkins
Une explication de la mort et de la renaissance et les méthodes pour les transformer dans la voie spirituelle vers l'Eveil.

Voyage sans fin (Ed. du Seuil 1981)
Chögyam Trungpa
Une introduction aux principes du tantra, s'appuyant sur la pratique de la méditation, qui mène à la découverte du non-soi.

Avancé
Entrée au Milieu (Ed. Dharma 1985)
Chandrakirti
Commentaire de la deuxième Roue de la Loi exposant le non-soi des personnes et des phénomènes, ainsi que l'aspect de la méthode, la compassion universelle et l'activité qu'elle engendre.

Traité du Milieu avec un commentaire d'après Tsongkhapa Losang Drakpa et Choné Drakpa Chédroub (Ed. du Seuil - Points sagesse 1995)
Nagarjouna
La plus ancienne synthèse qui nous soit parvenue des soutras de la Perfection de sagesse (*Prajnaparamita*). C'est le texte capital par excellence pour qui veut entrer dans la voie de la libération et entreprendre la révolution intellectuelle requise par une telle démarche.

Bibliographie
Le chemin des nuages blancs (Albin Michel 1969)
Lama Anagarika Govinda
Ce pèlerinage autobiographique dans les domaines mystérieux et souvent surprenant du Tibet nous égaie et nous inspire.

Mon pays et mon peuple (Ed. Olizane 1984)
Tenzin Gyatso, XIVème Dalaï Lama
Sa Sainteté le Dalaï Lama raconte lhistoire de son règne bref et tumultueux, porté à son point culminant par l'humiliation et la destruction de son peuple et de sa culture par les communistes chinois. Tragique et pourtant inspirant car exposé avec la clémence et l'humanité d'un moine bouddhiste.

Prince Siddhartha (Ed. Dharma 1984)
Jonathan Landaw et Janet Brooke
La vie du Bouddha raconté d'une façon merveilleuse par des mots et des images vivantes pour enfant de toutes les cultures et de tous âges.

La vie de Milarépa (Fayard 1971)
Jacques Bacot
Ce récit biographique classique du poète et saint du Tibet le plus vénéré est l'histoire captivante d'une quête spirituelle et d'une intense dévotion au Maître.

Le Lama venu du Tibet (Grasset 1998)
Dagpo Rimpoché
Autobiographie d'un des plus grands Maîtres tibétains vivant en France. Un enseignement à travers sa vie et une évocation du Tibet avant 1959.

La vie et les enseignements de Guéshé Rabten (Ed. Dharma 1980)
Allen Wallace
Un récit authentique et inspirant de l'entraînement monastique tibétain dans la philosophie et la méditation de l'un des Maîtres les plus hautement estimés qui enseignait en occident, suivi d'une introduction concise aux enseignements du Bouddhisme tibétain.

*P*RENEZ *S*OIN DES *T*EXTES DU *D*HARMA

Les textes du Dharma contiennent les enseignements du Bouddha, ils ont le pouvoir de nous protéger des renaissances inférieures, de nous indiquer la méthode pour atteindre la libération et l'illumination. Par conséquent, ils doivent être considérés avec respect; il est préférable de ne pas les poser à même le sol, de ne pas les enjamber, de ne pas s'asseoir dessus. Ils devraient être couverts ou tout au moins protégés et placés dans un lieu propre et élevé; d'autres objets considérés comme étant plus *mondains* ne devant pas être posés sur les textes, les statues, les images sacrées etc. S'humidifier le doigt pour tourner les pages d'un tel texte est considéré comme étant un *karma* négatif.

Lorsque nous devons nous séparer d'objets relatifs au Dharma, plutôt que de les jeter à la poubelle avec négligence, nous pouvons les brûler avec attention. Nous pouvons par exemple réciter tout d'abord un mantra tel que OM HA HOUNG, puis visualiser que les lettres du texte s'absorbent dans la syllabe HA, laquelle s'absorbe en nous. Après quoi, nous pouvons le brûler.

Nous pouvons étendre ces attitudes respectueuses aux textes des autres religions ainsi qu'à tout objet d'art sacré.

TABLES DES MATIERES

*P*RINCIPAUX *T*ITRES AUX *E*DITIONS *V*AJRA *Y*OGINI

Le Gourou Yoga de Lama Tsong Khapa (51 p. 40F)
Guéshé Lobsang Tengyé

Salam : Les Terres et les Chemins (80 p. 49F)
Guéshé Lobsang Tengyé

Le Daim à la Grande Sagesse (28 p. 99F)
Suivi de La Tortue et les Oies Sauvages
Guéshé Lobsang Tengyé

Conseils d'un Ami Spirituel (157 p. 75F)
Guéshé Rabten et Guéshé Dhargyey

Comment Méditer (256 p. 119F)
Kathleen Mc Donald

A PARAITRE

La Voie Tantrique de Purification
Lama Thoubten Yéshé

Achevé d'imprimer en août 98
sur les presses de l'imprimerie Escourbiac
81304 Graulhet